De Legibus – De Re Publica
Marcus Tullius Cicero

De Legibus – De Re Publica
Copyright © JiaHu Books 2014
First Published in Great Britain in 2014 by Jiahu Books – part of
Richardson-Prachai Solutions Ltd, 34 Egerton Gate, Milton Keynes,
MK5 7HH
ISBN: 978-1-78435-042-0

DE LEGIBUS

DE RE PUBLICA

DE LEGIBVS - LIBER PRIMVS

Atticvs: Lucus quidem ille et haec Arpinatium quercus agnoscitur, saepe a me lectus in Mario: si enim manet illa quercus, haec est profecto; etenim est sane uetus.

Qvintvs: Manet uero, Attice noster, et semper manebit: sata est enim ingenio. Nullius autem agricolae cultu stirps tam diuturna quam poetae uersu seminari potest.

Atticvs: Quo tandem modo, Quinte? Aut quale est istuc quod poetae serunt? Mihi enim uideris fratrem laudando suffragari tibi.

Qvintvs: Sit ita sane; uerum tamen dum Latinae loquentur litterae, quercus huic loco non deerit quae Mariana dicatur, eaque, ut ait Scaeuola de fratris mei Mario, canescet saeclis innumerabilibus, nisi forte Athenae tuae sempiternam in arce oleam tenere potuerunt, aut quam Homericus Vlixes Deli se proceram et teneram palmam uidisse dixit, hodie monstrant eandem, multaque alia multis locis diutius commemoratione manent quam natura stare potuerunt. Quare glandifera illa quercus, ex qua olim euolauit nuntia fulua Iouis miranda uisa figura, nunc sit haec. Sed cum eam tempestas uetustasue consumpserit, tamen erit his in locis quercus quam Marianam quercum uocabunt.

Atticvs: Non dubito id quidem. Sed hoc iam non ex te, Quinte, quaero, uerum ex ipso poeta, tuine uersus hanc quercum seuerint, an ita factum de Mario, ut scribis, acceperis.

Marcvs: Respondebo tibi equidem, sed non ante quam mihi tu ipse responderis, Attice, certen non longe a tuis aedibus inambulans post excessum suum Romulus Proculo Iulio dixerit se deum esse et Quirinum uocari templumque sibi dedicari in eo loco iusserit, et uerumne sit ut Athenis non longe item a tua illa antiqua domo Orithyiam Aquilo sustulerit; sic enim est traditum.

Atticvs: Quorsum tandem aut cur ista quaeris?

Marcvs: Nihil sane, nisi ne nimis diligenter inquiras in ea quae isto modo memoriae sint prodita.

Atticvs: Atqui multa quaeruntur in Mario fictane an uera sint, et a nonnullis quod et in recenti memoria et in Arpinati homine uersatur, ueritas a te postulatur.

Marcvs: Et mehercule ego me cupio non mendacem putari, sed tamen nonnulli isti, Tite noster, faciunt imperite, qui in isto periculo non ut a poeta sed ut a teste ueritatem exigant, nec dubito quin idem et cum Egeria conlocutum Numam et ab aquila Tarquinio apicem impositum putent.

Qvintvs: Intellego te, frater, alias in historia leges obseruandas putare, alias in poemate.

Marcvs: Quippe cum in illa ad ueritatem, Quinte, quaeque referantur, in hoc ad delectationem pleraque; quamquam et apud Herodotum patrem historiae et apud Theopompum sunt innumerabiles fabulae.

Atticvs: Teneo quam optabam occasionem neque omittam.

Marcvs: Quam tandem, Tite?

Atticvs: Postulatur a te iam diu uel flagitatur potius historia. Sic enim putant, te illam tractante effici posse, ut in hoc etiam genere Graeciae nihil cedamus. Atque ut audias quid ego ipse sentiam, non solum mihi uideris eorum studiis qui tuis litteris delectantur, sed etiam patriae debere hoc munus, ut ea quae salua per te est, per te eundem sit ornata. Abest enim historia litteris nostris, ut et ipse intellego et ex te persaepe audio. Potes autem tu profecto satis facere in ea, quippe cum sit opus, ut tibi quidem uideri solet, unum hoc oratorium maxime.

Quam ob rem adgredere, quaesumus, et sume ad hanc rem tempus, quae est a nostris hominibus adhuc aut ignorata aut relicta. Nam post annalis pontificum maximorum, quibus nihil potest esse iucundius, si aut ad Fabium aut ad eum qui tibi semper in ore est Catonem, aut ad Pisonem aut ad Fannium aut ad Vennonium uenias, quamquam ex his alius alio plus habet uirium, tamen quid tam exile quam isti omnes? Fannii autem aetati coniunctus Coelius Antipater paulo inflauit uehementius, habuitque uires agrestis ille quidem atque horridas, sine nitore ac palaestra, sed tamen admonere reliquos potuit ut adcuratius scriberent. Ecce autem successere huic Gellius, Clodius, Asellio, nihil ad Coelium, sed potius ad antiquorum languorem et inscitiam.

Nam quid Macrum numerem? Cuius loquacitas habet aliquid

argutiarum nec id tamen ex illa erudita Graecorum copia, sed ex librariolis Latinis: in orationibus autem multa sane apta Latino sermoni impertiens, Sisenna, eius amicus, omnis adhuc nostros scriptores—nisi qui forte nondum ediderunt, de quibus existimare non possumus—facile superauit. Is tamen neque orator in numero uestro umquam est habitus, et in historia puerile quiddam consectatur, ut unum Clitarchum neque praeterea quemquam de Graecis legisse uideatur, eum tamen uelle dumtaxat imitari: quem si adsequi posset, aliquantum ab optumo tamen abesset. Quare tuum est munus hoc, a te exspectatur; nisi quid Quinto uidetur secus.

Qvintvs: Mihi uero nihil, et saepe de isto conlocuti sumus; sed est quaedam inter nos parua dissensio.

Atticvs: Quae tandem?

Qvintvs: A quibus temporibus scribendi capiatur exordium. Ego enim ab ultimis censeo, quoniam illa sic scripta sunt ut ne legantur quidem, ipse autem aequalem aetatis suae memoriam deposcit, ut ea conplectatur quibus ipse interfuit.

Atticvs: Ego uero huic potius adsentior. Sunt enim maxumae res in hac memoria atque aetate nostra; tum autem hominis amicissimi Cn. Pompeii laudes inlustrabit, incurret etiam in praeclarum illum et memorabilem annum suum: quae ab isto malo praedicari quam, ut aiunt, de Remo et Romulo.

Marcvs: Intellego equidem a me istum laborem iam diu postulari, Attice. Quem non recusarem, si mihi ullum tribueretur uacuum tempus et liberum. Neque enim occupata opera neque inpedito animo res tanta suscipi potest: utrumque opus est, et cura uacare et negotio.

Atticvs: Quid? Ad cetera quae scripsisti plura quam quisquam e nostris, quod tibi tandem tempus uacuum fuit concessum?

Marcvs: Subsiciua quaedam tempora incurrunt, quae ego perire non patior, ut si qui dies ad rusticandum dati sint, ad eorum numerum adcommodentur quae scribimus. Historia uero nec institui potest nisi praeparato otio, nec exiguo tempore absolui, et ego animi pendere soleo, cum semel quid orsus, si traducor alio, neque tam facile interrupta contexo quam absoluo instituta.

Atticvs: Legationem aliquam nimirum ista oratio postulat, aut eius modi quampiam cessationem liberam atque otiosam.

Marcvs: Ego uero aetatis potius uacationi confidebam, cum praesertim non recusarem, quominus more patrio sedens in solio consulentibus responderem senectutisque non inertis grato atque honesto fungerer munere. Sic enim mihi liceret et isti rei quam desideras et multo uberioribus atque maioribus operae quantum uellem dare.

Atticvs: Atqui uereor ne istam causam nemo noscat, tibique semper dicendum sit, et eo magis quod te ipse mutasti, et aliud dicendi instituisti genus, ut, quem ad modum Roscius familiaris tuus in senectute numeros in cantu remissius cecinerat ipsasque tardiores fecerat tibias, sic tu a contentionibus quibus summis uti solebas, cotidie relaxes aliquid, ut iam oratio tua non multum a philosophorum lenitate absit. Quod sustinere cum uel summa senectus posse uideatur, nullam tibi a causis uacationem uideo dari.

Qvintvs: At mehercule ego arbitrabar posse id populo nostro probari, si te ad ius respondendum dedisses; quam ob rem, cum placebit, experiendum tibi id censeo.

Marcvs: Si quidem, Quinte, nullum esset in experiundo periculum. Sed uereor ne, dum minuere uelim laborem, augeam, atque ad illam causarum operam, ad quam ego numquam nisi paratus et meditatus accedo, adiungatur haec iuris interpretatio, quae non tam mihi molesta sit propter laborem, quam quod dicendi cogitationem auferat, sine qua ad nullam maiorem umquam causam sum ausus accedere.

Atticvs: Quin igitur ista ipsa explicas nobis his subsiciuis, ut ais, temporibus, et conscribis de iure ciuili subtilius quam ceteri? Nam a primo tempore aetatis iuri studere te memini, quom ipse etiam ad Scaeuolam uentitarem, neque umquam mihi uisus es ita te ad dicendum dedisse, ut ius ciuile contemneres.

Marcvs: In longum sermonem me uocas, Attice, quem tamen, nisi Quintus aliud quid nos agere mauult, suscipiam, et, quoniam uacui sumus, dicam.

Qvintvs: Ego uero libenter audierim. Quid enim agam potius, aut in quo melius hunc consumam diem?

Marcvs: Quin igitur ad illa spatia nostra sedesque pergimus? Vbi, cum satis erit ambulatum, requiescemus, nec profecto nobis delectatio deerit, aliud ex alio quaerentibus.

Atticvs: Nos uero, et hac quidem ad Lirem, si placet, per ripam et umbram. Sed iam ordire explicare, quaeso, de iure ciuili quid sentias.

Marcvs: Egone? Summos fuisse in ciuitate nostra uiros, qui id interpretari populo et responsitare soliti sint, sed eos magna professos in paruis esse uersatos. Quid enim est tantum quantum ius ciuitatis? Quid autem tam exiguum quam est munus hoc eorum qui consuluntur? Quamquam est populo necessarium, nec uero eos, qui ei muneri praefuerunt, uniuersi iuris fuisse expertis existimo, sed hoc ciuile quod uocant eatenus exercuerunt, quoad populo praestare uoluerunt; id autem in cognitione tenue est, in usu necessarium. Quam ob rem quo me uocas, aut quid hortaris? ut libellos conficiam de stillicidiorum ac de parietum iure? An ut stipulationum et iudiciorum formulas conponam? Quae et conscripta a multis sunt diligenter, et sunt humiliora quam illa quae a nobis exspectari puto.

Atticvs: Atqui, si quaeris ego quid exspectem, quoniam scriptum est a te de optimo rei publicae statu, consequens esse uidetur ut scribas tu idem de legibus: sic enim fecisse uideo Platonem illum tuum, quem tu admiraris, quem omnibus anteponis, quem maxime diligis.

Marcvs: Visne igitur, ut ille cum Crete Clinia et cum Lacedaemonio Megillo aestiuo, quem ad modum describit, die in cupressetis Gnosiorum et spatiis siluestribus, crebro insistens, interdum adquiescens, de institutis rerum publicarum ac de optimis legibus disputabat, sic nos inter has procerissimas populos in uiridi opacaque ripa inambulantes, tum autem residentes, quaeramus isdem de rebus aliquid uberius quam forensis usus desiderat?

Atticvs: Ego uero ista audire cupio.

Marcvs: Quid ait Quintus?

Qvintvs: Nulla de re magis.

Marcvs: Et recte quidem; nam sic habetote, nullo in genere disputandi potest magis patefieri, quid sit homini a natura tributum, quantam uim rerum optimarum mens humana contineat, cuius muneris colendi efficiendique causa nati et in lucem editi simus, quae sit coniunctio hominum, quae naturalis societas inter ipsos. His enim explicatis, fons legum et iuris inueniri potest.

Atticvs: Non ergo a praetoris edicto, ut plerique nunc, neque a duodecim tabulis, ut superiores, sed penitus ex intima philosophia hauriendam iuris disciplinam putas? **Marcvs:** Non enim id quaerimus hoc sermone, Pomponi, quem ad modum caueamus in iure, aut quid de quaque consultatione respondeamus. Sit ista res magna, sicut est, quae quondam a multis claris uiris, nunc ab uno summa auctoritate et scientia sustinetur, sed nobis ita complectenda in hac disputatione tota causa est uniuersi iuris ac legum, ut, hoc ciuile quod dicimus, in paruum quendam et angustum locum concludatur. Natura enim iuris explicanda nobis est, eaque ab hominis repetenda natura, considerandae leges quibus ciuitates regi debeant; tum haec tractanda, quae conposita sunt et descripta iura et iussa populorum, in quibus ne nostri quidem populi latebunt quae uocantur iura ciuilia.

Qvintvs: Alte uero et, ut oportet, a capite, frater, repetis quod quaerimus, et qui aliter ius ciuile tradunt, non tam iustitiae quam litigandi tradunt uias.

Marcvs: Non ita est, Quinte, ac potius ignoratio iuris litigiosa est quam scientia. Sed hoc posterius: nunc iuris principia uideamus.

Igitur doctissimis uiris proficisci placuit a lege, haud scio an recte, si modo, ut idem definiunt, lex est ratio summa, insita in natura, quae iubet ea quae facienda sunt, prohibetque contraria. Eadem ratio, cum est in hominis mente confirmata et perfecta, lex est.

Itaque arbitrantur prudentiam esse legem, cuius ea uis sit, ut recte facere iubeat, uetet delinquere, eamque rem illi Graeco putant nomine nÒmon a suum cuique tribuendo appellatam, ego nostro a legendo. Nam ut illi aequitatis, sic nos delectus uim in lege ponimus, et proprium tamen utrumque legis est. Quod si ita recte dicitur, ut mihi quidem plerumque uideri solet, a lege ducendum est iuris exordium. Ea est enim naturae uis, ea mens ratioque prudentis, ea iuris atque iniuriae regula. Sed quoniam in populari ratione omnis nostra uersatur oratio, populariter interdum loqui necesse erit, et appellare eam legem, quae scripta sancit quod uult aut iubendo aut prohibendo, ut uulgus appellare solet. Constituendi uero iuris ab illa summa lege capiamus exordium, quae, saeclis communis omnibus, ante nata est quam scripta lex ulla aut quam omnino ciuitas constituta.

Qvintvs: Commodius uero et ad rationem instituti sermonis sapientius.

Marcvs: Visne ergo ipsius iuris ortum a fonte repetamus? Quo inuento non erit dubium, quo sint haec referenda quae quaerimus.

Qvintvs: Ego uero ita esse faciendum censeo.

Atticvs: Me quoque adscribe fratris sententiae.

Marcvs: Quoniam igitur eius rei publicae, quam optumam esse docuit in illis sex libris Scipio, tenendus est nobis et seruandus status, omnesque leges adcommodandae ad illud ciuitatis genus, serendi etiam mores nec scriptis omnia sancienda, repetam stirpem iuris a natura, qua duce nobis omnis haec est disputatio explicanda.

Atticvs: Rectissime, et quidem ista duce errari nullo pacto potest.

Marcvs: Dasne igitur hoc nobis, Pomponi, (nam Quinti noui sententiam), deorum immortalium nutu, ratione, potestate, mente, numine (siue quod est aliud uerbum quo planius significem quod uolo) naturam omnem regi? Nam, si hoc comprobas, ab eo nobis causa ordienda est potissimum.

Atticvs: Do sane, si postulas; etenim propter hunc concentum auium strepitumque fluminum non uereor condiscipulorum ne quis exaudiat.

Marcvs: Atqui cauendum est; solent enim (id quod uirorum bonorum est) admodum irasci, nec uero ferent, si audierint, te primum caput uiri optimi prodidisse, in quo scripsit nihil curare deum nec sui nec alieni.

Atticvs: Perge, quaeso. Nam id quod tibi concessi, quorsus pertineat, exspecto.

Marcvs: Non faciam longius. Huc enim pertinet: animal hoc prouidum, sagax, multiplex, acutum, memor, plenum rationis et consilii, quem uocamus hominem, praeclara quadam condicione generatum esse a supremo deo. Solum est enim ex tot animantium generibus atque naturis particeps rationis et cogitationis, quom cetera sint omnia expertia. Quid est autem, non dicam in homine, sed in omni caelo atque terra, ratione diuinius? Quae quom adoleuit atque perfecta est, nominatur rite sapientia. Est igitur, quoniam nihil est ratione melius, eaque est et in homine et in deo, prima homini cum deo rationis societas.

Inter quos autem ratio, inter eosdem etiam recta ratio et communis est: quae cum sit lex, lege quoque consociati homines cum dis putandi sumus. Inter quos porro est communio legis, inter eos communio iuris est. Quibus autem haec sunt inter eos communia, ei ciuitatis eiusdem habendi sunt. Si uero isdem imperiis et potestatibus parent, multo iam magis parent autem huic caelesti discriptioni mentique diuinae et praepotenti deo, ut iam uniuersus sit hic mundus una ciuitas communis deorum atque hominum existimanda. Et quod in ciuitatibus ratione quadam, de qua dicetur idoneo loco, agnationibus familiarum distinguuntur status, id in rerum natura tanto est magnificentius tantoque praeclarius, ut homines deorum agnatione et gente teneantur.

Nam cum de natura hominis quaeritur, haec disputari solent— et nimirum ita est, ut disputatur—perpetuis cursibus conuersionibusque caelestibus exstitisse quandam maturitatem serendi generis humani, quod sparsum in terras atque satum diuino auctum sit animorum munere, cumque alia quibus cohaererent homines e mortali genere sumpserint, quae fragilia essent et caduca, animum esse ingeneratum a deo. Ex quo uere uel agnatio nobis cum caelestibus uel genus uel stirps appellari potest. Itaque ex tot generibus nullum est animal praeter hominem quod habeat notitiam aliquam dei, ipsisque in hominibus nulla gens est neque tam mansueta neque tam fera, quae non, etiamsi ignoret qualem haberi deum deceat, tamen habendum sciat.

Ex quo efficitur illud, ut is agnoscat deum, qui, unde ortus sit, quasi recordetur ac cognoscat. Iam uero uirtus eadem in homine ac deo est, neque alio ullo in genere praeterea. Est autem uirtus nihil aliud, nisi perfecta et ad summum perducta natura: est igitur homini cum deo similitudo. Quod cum ita sit, quae tandem esse potest proprior certiorue cognatio? Itaque ad hominum commoditates et usus tantam rerum ubertatem natura largita est, ut ea, quae gignuntur, donata consulto nobis, non fortuito nata uideantur, nec solum ea quae frugibus atque bacis terrae fetu profunduntur, sed etiam pecudes, quom perspicuum sit plerasque esse ad usum hominum, partim ad fructum, partim ad uescendum, procreatas.

Artes uero innumerabiles repertae sunt, docente natura, quam imitata ratio res ad uitam necessarias sollerter consecuta est. Ipsum autem hominem eadem natura non solum celeritate mentis ornauit sed ei et sensus tamquam satellites attribuit ac nuntios, et rerum plurimarum obscuras nec satis expressas intellegentias enodauit, quasi fundamenta quaedam scientiae, figuramque corporis habilem et aptam ingenio humano dedit. Nam cum ceteras animantes abiecisset ad pastum, solum hominem erexit et ad caeli quasi cognationis domiciliique pristini conspectum excitauit, tum speciem ita formauit oris, ut in ea penitus reconditos mores effingeret.

Nam et oculi nimis argute quem ad modum animo affecti simus, loquuntur et is qui appellatur uultus, qui nullo in animante esse praeter hominem potest, indicat mores, quoius uim Graeci norunt, nomen omnino non habent. Omitto opportunitates habilitatesque reliqui corporis, moderationem uocis, orationis uim, quae conciliatrix est humanae maxime societatis. Neque enim omnia sunt huius disputationis ac temporis, et hunc locum satis, ut mihi uidetur, in iis libris quos legistis, expressit Scipio. Nunc quoniam hominem, quod principium reliquarum rerum esse uoluit, ita generauit et ornauit deus, perspicuum fit illud (ne omnia disserantur), ipsam per se naturam longius progredi, quae etiam nullo docente, profecta ab iis quorum ex prima et inchoata intellegentia genera cognouit, confirmat ipsa per se rationem et perficit.

Atticvs: Di immortales, quam tu longe iuris principia repetis! atque ita ut ego non modo ad illa non properem, quae exspectabam a te de iure ciuili, sed facile patiar te hunc diem uel totum in isto sermone consumere. Sunt enim haec maiora, quae aliorum causa fortasse conplecteris, quam ipsa illa, quorum haec causa praeparantur.

Marcvs: Sunt haec quidem magna, quae nunc breuiter attinguntur. Sed omnium quae in hominum doctorum disputatione uersantur, nihil est profecto praestabilius, quam plane intellegi, nos ad iustitiam esse natos, neque opinione sed natura constitutum esse ius. Id iam patebit, si hominum inter ipsos societatem coniunctionemque perspexeris.

Nihil est enim unum uni tam simile, tam par, quam omnes inter nosmet ipsos sumus. Quodsi deprauatio consuetudinum, si opinionum uarietas non inbecillitatem animorum torqueret et flecteret, quocumque cupisset, sui nemo ipse tam similis esset quam omnes sunt omnium. Itaque quaecumque est hominis definitio, una in omnis ualet.

Quod argumenti satis est nullam dissimilitudinem esse in genere. Quae si esset, non una omnis definitio contineret. Etenim ratio, qua una praestamus beluis, per quam coniectura ualemus, argumentamur, refellimus, disserimus, conficimus aliquid, cunctis hominibus certe est communis, doctrina differens, discendi quidem facultate par. Nam et sensibus eadem omnium conprehenduntur, et ea quae mouent sensus, itidem mouent omnium, quaeque in animis imprimuntur, de quibus ante dixi, inchoatae intellegentiae, similiter in omnibus imprimuntur, interpresque mentis oratio uerbis discrepat, sententiis congruens. Nec est quisquam gentis ullius, qui ducem naturam nactus ad uirtutem peruenire non possit.

Nec solum in rectis, sed etiam in prauitatibus insignis est humani generis similitudo. Nam et uoluptate capiuntur omnes, quae etsi est inlecebra turpitudinis, tamen habet quiddam simile naturalis boni; lenitatis enim et suauitatis specie delectans, sic ab errore mentis tamquam salutare aliquid adsciscitur, similique inscitia mors fugitur quasi dissolutio naturae, uita expetitur, quia nos in quo nati sumus continet, dolor in maximis malis ducitur, cum sua asperitate, tum quod naturae interitus uidetur sequi; propterque honestatis et gloriae similitudinem beati, qui honorati sunt, uidentur, miseri autem, qui sunt inglorii. Molestiae, laetitiae, cupiditates, timores similiter omnium mentes peruagantur, nec si opiniones aliae sunt apud alios, idcirco qui canem et felem ut deos colunt, non eadem superstitione qua ceterae gentes conflictantur. Quae autem natio non comitatem, non benignitatem, non gratum animum et beneficii memorem diligit? Quae superbos, quae maleficos, quae crudeles, quae ingratos non aspernatur, non odit? Quibus ex rebus cum omne genus hominum sociatum inter se esse intellegatur, illud extremum est, ... quod recte uiuendi ratio meliores efficit. Quae si adprobatis, pergamus ad reliqua; sin quid requiritis, id explicemus prius.

Atticvs: Nos uero nihil, ut pro utroque respondeam.

Marcvs: Sequitur igitur ad participandum alium cum alio communicandumque inter omnes ius nos natura esse factos.

Atque hoc in omni hac disputatione sic intellegi uolo, quom dicam naturam esse; tantam autem esse corruptelam malae consuetudinis, ut ab ea tamquam igniculi exstinguantur a natura dati, exorianturque et confirmentur uitia contraria. Quodsi, quo modo sunt natura, sic iudicio homines 'humani, ut ait poeta, nihil a se alienum putarent', coleretur ius aeque ab omnibus. Quibus enim ratio a natura data est, isdem etiam recta ratio data est; ergo et lex, quae est recta ratio in iubendo et uetando; si lex, ius quoque; et omnibus ratio. Ius igitur datum est omnibus, recteque Socrates exsecrari eum solebat qui primus utilitatem a iure seiunxisset; id enim querebatur caput esse exitiorum omnium. Vnde enim illa Pythagorea uox, de amicitia locus: ut unus fiat ex pluribus.

. . . Ex quo perspicitur, quom hanc beniuolentiam tam late longeque diffusam uir sapiens in aliquem pari uirtute praeditum contulerit, tum illud effici (quod quibusdam incredibile uideatur, sit autem necessarium) ut non in illo sese plus quam alterum diligat: quid enim est quod differat, quom sint cuncta paria? Quod si interesse quippiam tantulum modo potuerit in ea, iam amicitiae nomen occiderit, cuius est ea uis ut simul atque sibi aliquid esse alter maluerit, nulla sit.

Quae praemuniuntur omnia reliquo sermoni disputationique nostrae, quo facilius ius in natura esse positum intellegi possit. De quo quom perpauca dixero, tum ad ius ciuile ueniam, ex quo haec omnis est nata oratio.

Qvintvs: Tu uero iam perpauca scilicet. Ex his enim quae dixisti, etsi aliter Attico, uidetur mihi quidem certe ex natura ortum esse ius.

Atticvs: An mihi aliter uideri possit, cum haec iam perfecta sint, primum quasi muneribus deorum nos esse instructos et ornatos, secundo autem loco unam esse hominum inter ipsos uiuendi parem communemque rationem, deinde omnes inter se naturali quadam indulgentia et beniuolentia, tum etiam societate iuris contineri? quae quom uera esse, recte ut arbitror, concesserimus, qui iam licet nobis a natura leges et iura seiungere?

Marcvs: Recte dicis, et res se sic habet. Verum philosophorum more, non ueterum quidem illorum, sed eorum qui quasi officinas instruxerunt sapientiae, quae fuse olim disputabantur ac libere, ea nunc articulatim distincta dicuntur. Nec enim satis fieri censent huic loco qui nunc est in manibus, nisi separatim hoc ipsum, a natura esse ius, disputarint.

Atticvs: Et scilicet tua libertas disserendi amissa est, aut tu is es qui in disputando non tuum iudicium sequaris, sed auctoritati aliorum pareas!

Marcvs: Non semper, Tite, sed iter huius sermonis quod sit, uides: ad res publicas firmandas et ad stabiliendos mores sanandosque populos omnis nostra pergit oratio. Quocirca uereor committere ut non bene prouisa et diligenter explorata principia ponantur, nec tamen spero fore ut omnibus probentur — nam id fieri non potest—, sed ut eis qui omnia recta atque honesta per se expetenda duxerunt, et aut nihil omnino in bonis numerandum nisi quod per se ipsum laudabile esset, aut certe nullum habendum magnum bonum, nisi quod uere laudari sua sponte posset:

iis omnibus, siue in Academia uetere cum Speusippo, Xenocrate, Polemone manserunt, siue Aristotelem et Theophrastum, cum illis congruentes re, genere docendi paulum differentes, secuti sunt, siue, ut Zenoni uisum est, rebus non commutatis immutauerunt uocabula, siue etiam Aristonis difficilem atque arduam, sed iam tamen fractam et conuictam sectam secuti sunt, ut uirtutibus exceptis atque uitiis cetera in summa aequalitate ponerent: iis omnibus haec quae dixi probentur. Sibi autem indulgentes et corpori deseruientes atque omnia quae sequantur in uita quaeque fugiant uoluptatibus et doloribus ponderantes, etiam si uera dicant—nihil enim opus est hoc loco litibus—, in hortulis suis iubeamus dicere, atque etiam ab omni societate rei publicae, cuius partem nec norunt ullam neque umquam nosse uoluerunt, paulisper facessant rogemus. Perturbatricem autem harum omnium rerum Academiam, hanc ab Arcesila et Carneade recentem, exoremus ut sileat. Nam si inuaserit in haec, quae satis scite nobis instructa et composita uidentur, nimias edet ruinas. Quam quidem ego placare cupio, submouere non audeo. . . . . . .

Nam etiam sine illius suffimentis expiati sumus. At uero scelerum in homines atque in deos inpietatum nulla expiatio est. Itaque poenas luunt, non tam iudiciis—quae quondam nusquam erant, hodie multifariam nulla sunt, ubi sunt tamen, persaepe falsa sunt—at eos agitant insectanturque furiae, non ardentibus taedis sicut in fabulis, sed angore conscientiae fraudisque cruciatu. Quodsi homines ab iniuria poena, non natura arcere deberet, quaenam sollicitudo uexaret impios sublato suppliciorum metu? Quorum tamen nemo tam audax umquam fuit, quin aut abnueret a se commissum esse facinus, aut iusti sui doloris causam aliquam fingeret, defensionemque facinoris a naturae iure aliquo quaereret. Quae si appellare audent impii, quo tandem studio colentur a bonis? Quodsi poena, si metus supplicii, non ipsa turpitudo deterret ab iniuriosa facinerosaque uita, nemo est iniustus, at incauti potius habendi sunt inprobi.

Tum autem qui non ipso honesto mouemur ut boni uiri simus, sed utilitate aliqua atque fructu, callidi sumus, non boni. Nam quid faciet is homo in tenebris qui nihil timet nisi testem et iudicem? Quid in deserto quo loco nactus, quem multo auro spoliare possit, imbecillum atque solum? Noster quidem hic natura iustus uir ac bonus etiam conloquetur, iuuabit, in uiam deducet. Is uero qui nihil alterius causa faciet et metietur suis commodis omnia, uidetis, credo, quid sit acturus! Quodsi negabit se illi uitam erepturum et aurum ablaturum, numquam ob eam causam negabit quod id natura turpe iudicet, sed quod metuat ne emanet, id est ne malum habeat. O rem dignam, in qua non modo docti, sed etiam agrestes erubescant!

Iam uero illud stultissimum, existimare omnia iusta esse quae scita sint in populorum institutis aut legibus. Etiamne si quae leges sint tyrannorum? Si triginta illi Athenis leges inponere uoluissent, et si omnes Athenienses delectarentur tyrannicis legibus, num idcirco eae leges iustae haberentur? Nihilo credo magis illa quam interrex noster tulit, ut dictator quem uellet ciuium nominatim aut indicta causa inpune posset occidere. Est enim unum ius quo deuincta est hominum societas et quod lex constituit una, quae lex est recta ratio imperandi atque prohibendi. Quam qui ignorat, is est iniustus, siue est illa scripta uspiam siue nusquam. Quodsi iustitia est obtemperatio scriptis legibus institutisque populorum, et si, ut eidem dicunt, utilitate omnia metienda sunt, negleget leges easque perrumpet, si poterit, is qui sibi eam rem fructuosam putabit fore. Ita fit ut nulla sit omnino iustitia, si neque natura est et ea quae propter utilitatem constituitur utilitate alia conuellitur.

Atqui si natura confirmatura ius non erit, uirtutes omnes tollantur. Vbi enim liberalitas, ubi patriae caritas, ubi pietas, ubi aut bene merendi de altero aut referendae gratiae uoluntas poterit existere? Nam haec nascuntur ex eo quod natura propensi sumus ad diligendos homines, quod fundamentum iuris est. Neque solum in homines obsequia, sed etiam in deos caerimoniae religionesque tollentur, quas non metu, sed ea coniunctione quae est homini cum deo conseruandas puto. Quodsi populorum iussis, si principum decretis, si sententiis iudicum iura constituerentur, ius esset latrocinari, ius adulterare, ius testamenta falsa supponere, si haec suffragiis aut scitis multitudinis probarentur.

Quodsi tanta potestas est stultorum sententiis atque iussis, ut eorum suffragiis rerum natura uertatur, cur non sanciunt ut quae mala perniciosaque sunt, habeantur pro bonis et salutaribus? Aut cur cum ius ex iniuria lex facere possit, bonum eadem facere non possit ex malo? Atqui nos legem bonam a mala nulla alia nisi naturae norma diuidere possumus. Nec solum ius et iniuria natura diiudicatur, sed omnino omnia honesta et turpia. Nam, ut communis intellegentia nobis notas res effecit easque in animis nostris inchoauit, honesta in uirtute ponuntur, in uitiis turpia.

Haec autem in opinione existimare, non in natura posita, dementis est. Nam nec arboris nec equi uirtus quae dicitur (in quo abutimur nomine) in opinione posita est, sed in natura. Quod si ita est, honesta quoque et turpia natura diiudicanda sunt. Nam si opinione uniuersa uirtus, eadem eius etiam partes probarentur. Quis igitur prudentem et, ut ita dicam, catum non ex ipsius habitu sed ex aliqua re externa iudicet? Est enim uirtus boni alicuius perfecta ratio, quod certe in natura est: igitur omnis honestas eodem modo.

Nam ut uera et falsa, ut consequentia et contraria sua sponte, non aliena iudicantur, sic constans et perpetua ratio uitae, quae uirtus est, itemque inconstantia, quod est uitium, sua natura probabitur; nos ingenia iudicemus non item?

An ingenia natura, uirtutes et uitia quae existunt ab ingeniis, aliter iudicabuntur? An ea si non aliter, honesta et turpia non ad naturam referri necesse erit? Si quod laudabile bonum est, in se habeat quod laudetur, necesse est; ipsum enim bonum non est opinionibus, sed natura. Nam ni ita esset, beati quoque opinione essemus, quo quid dici potest stultius? Quare quom et bonum et malum natura iudicetur, et ea sint principia naturae, certe honesta quoque et turpia simili ratione diiudicanda et ad naturam referenda sunt.

Sed perturbat nos opinionum uarietas hominumque dissensio, et quia non idem contingit in sensibus, hos natura certos putamus; illa quae aliis sic, aliis secus, nec isdem semper uno modo uidentur, ficta esse dicimus. Quod est longe aliter. Nam sensus nostros non parens, non nutrix, non magister, non poeta, non scaena deprauat, non multitudinis consensus abducit. At uero animis omnes tenduntur insidiae, uel ab iis quos modo enumeraui qui teneros et rudes quom acceperunt, inficiunt et flectunt ut uolunt, uel ab ea quae penitus in omni sensu implicata insidet, imitatrix boni uoluptas, malorum autem mater omnium; quoius blanditiis corrupti, quae natura bona sunt, quia dulcedine hac et scabie carent, non cernimus satis.

Sequitur (ut conclusa mihi iam haec sit omnis oratio), id quod ante oculos ex iis est quae dicta sunt, et ius et omne honestum sua sponte esse expetendum. Etenim omnes uiri boni ipsam aequitatem et ius ipsum amant, nec est uiri boni errare et diligere quod per se non sit diligendum: per se igitur ius est expetendum et colendum. Quod si ius, etiam iustitia; sin ea, reliquae quoque uirtutes per se colendae sunt. Quid? Liberalitas gratuitane est an mercennaria? Si sine praemio benignus est, gratuita; si cum mercede, conducta. Nec est dubium quin is qui liberalis benignusue dicitur, officium non, fructum sequatur. Ergo item iustitia nihil expetit praemii, nihil pretii: per se igitur expetitur eademque omnium uirtutum causa atque sententia est.

Atque etiam si emolumentis, non sua sponte uirtus expetitur, una erit uirtus quae malitia rectissime dicetur. Vt enim quisque maxume ad suum commodum refert, quaecumque agit, ita minime est uir bonus, sic qui uirtutem praemio metiuntur, nullam uirtutem nisi malitiam putant. Vbi enim beneficus, si nemo alterius causa benigne facit? Vbi gratus, si non tum ipsi cernuntur grati, quom referunt gratiam? Vbi illa sancta amicitia, si non ipse amicus per se amatur toto pectore, ut dicitur? Qui etiam deserendus et abiciendus est, desperatis emolumentis et fructibus; quo quid potest dici immanius? Quodsi amicitia per se colenda est, societas quoque hominum et aequalitas et iustitia per se expetenda. Quod ni ita est, omnino iustitia nulla est. Id enim iniustissimum ipsum est, iustitiae mercedem quaerere. Quid uero de modestia, quid de temperantia, quid de continentia, quid de uerecundia, pudore pudicitiaque dicemus? Infamiaene metu non esse petulantes, an legum et iudiciorum? Innocentes ergo et uerecundi sunt, ut bene audiant, et, ut rumorem bonum colligant, erubescent impudica loqui. At me istorum philosophorum pudet, qui uitii iudicium uitare uolunt, nec se uitio ipso notatos putant.

Quid enim? Possumus eos, qui a stupro arcentur infamiae metu, pudicos dicere, quom ipsa infamia propter rei turpitudinem consequatur? Nam quid aut laudari rite aut uituperari potest, si ab eius natura recesseris quod aut laudandum aut uituperandum putes? An corporis prauitates, si erunt perinsignes, habebunt aliquid offensionis, animi deformitas non habebit? Cuius turpitudo ex ipsis uitiis facillime perspici potest. Quid enim foedius auaritia, quid immanius libidine, quid contemptius timiditate, quid abiectius tarditate et stultitia dici potest? Quid ergo? Eos qui singulis uitiis excellunt aut etiam pluribus, propter damna aut detrimenta aut cruciatus aliquos miseros esse dicimus, an propter uim turpitudinemque uitiorum? Quod item ad contrariam laudem de uirtute dici potest.

Nam si propter alias res uirtus expetitur, melius esse aliquid quam uirtutem necesse est: pecuniamne igitur an honores an formam an ualetudinem? Quae et quom adsunt perparua sunt, et quam diu adfutura sint, certum sciri nullo modo potest. An id quod turpissimum dictu est, uoluptatem? At in ea quidem spernenda et repudianda uirtus uel maxime cernitur. Sed uidetisne quanta series rerum sententiarumque sit, atque ut ex alio alia nectantur? Quin labebar longius, nisi me retinuissem. **Qvintvs:** Quo tandem? Libenter enim, frater, quo ista oratione tendis tecum prolabar.

Marcvs: Ad finem bonorum, quo referuntur et quoius apiscendi causa sunt facienda omnia, controuersam rem et plenam dissensionis inter doctissimos sed aliquando tamen iudicandam.

Atticvs: Qui istuc fieri potest L. Gellio mortuo?

Marcvs: Quid tandem id ad rem?

Atticvs: Quia me Athenis audire ex Phaedro meo memini, Gellium familiarem tuum, quom pro consule ex praetura in Graeciam uenisset essetque Athenis, philosophos, qui tum erant, in locum unum conuocasse ipsisque magno opere auctorem fuisse, ut aliquando controuersiarum aliquem facerent modum. Quodsi essent eo animo ut nollent aetatem in litibus conterere, posse rem conuenire, et simul operam suam illis esse pollicitum, si posset inter eos aliquid conuenire.

Marcvs: Ioculare istuc quidem, Pomponi, et a multis saepe derisum. Sed ego plane uellem me arbitrum inter antiquam Academiam et Zenonem datum.

Atticvs: Quo tandem istuc modo?

Marcvs: Quia de re una solum dissident, de ceteris mirifice congruunt.

Atticvs: Ain tandem? Vna de re est solum dissensio?

Marcvs: Quae quidem ad rem pertineat una: quippe quom antiqui omne quod secundum naturam esset, quo iuuaremur in uita, bonum esse decreuerint, hic nisi quod honestum esset non putarit bonum.

Atticvs: Paruam uero controuersiam dicis, at non eam quae dirimat omnia!

Marcvs: Probe quidem sentires, si re ac non uerbis dissiderent.

Atticvs: Ergo adsentiris Antiocho familiari meo (magistro enim non audeo dicere), quocum uixi et qui me ex nostris paene conuellit hortulis, deduxitque in Academiam perpauculis passibus.

Marcvs: Vir iste fuit ille quidem acutus et prudens, et in suo genere perfectus mihique, ut scis, familiaris, cui tamen ego adsentiar in omnibus necne, mox uidero. Hoc dico, controuersiam totam istam posse sedari.

Atticvs: Qui istuc tandem uides?

Marcvs: Quia si, ut Chius Aristo dixit, solum bonum esse dixisset quod honestum esset malumque quod turpe, ceteras res omnis plane pares, ac ne minimum quidem utrum adessent an abessent interesse, ualde a Xenocrate et Aristotele et ab illa Platonis familia discreparet, essetque inter eos de re maxima et de omni uiuendi ratione dissensio. Nunc uero cum decus, quod antiqui summum bonum esse dixerant, hic solum bonum dicat; itemque dedecus quod illi summum malum, hic solum; diuitias, ualetudinem, pulchritudinem, commodas res appellet, non bonas; paupertatem, debilitatem, dolorem incommodas, non malas; sentit idem quod Xenocrates, quod Aristoteles, loquitur alio modo. Ex hac autem non rerum sed uerborum discordia controuersia est nata de finibus, in qua, quoniam usus capionem duodecim tabulae intra quinque pedes esse noluerunt, depasci ueterem possessionem Academiae ab hoc acuto homine non sinemus, nec Mamilia lege singuli, sed e XII tres arbitri fines regemus.

Qvintvs: Quamnam igitur sententiam dicimus?

Marcvs: Requiri placere terminos quos Socrates pepigerit, iisque parere.

Qvintvs: Praeclare, frater, iam nunc a te uerba usurpantur ciuilis iuris et legum, quo de genere expecto disputationem tuam. Nam ista quidem magna diiudicatio est, ut ex te ipso saepe cognoui. Sed certe ita res se habet, ut ex natura uiuere summum bonum sit, id est uita modica et apta uirtuti perfrui; atqui naturam sequi et eius quasi lege uiuere, id est nihil, quantum in ipso sit praetermittere, quominus ea quae natura postulet consequatur . . . quo pariter haec uelit uirtutis tamquam lege nos uiuere. Quapropter hoc diiudicari nescio an numquam, sed hoc sermone certe non potest, si quidem id quod suscepimus perfecturi sumus.

Atticvs: At ego huc declinabam nec inuitus.

Qvintvs: Licebit alias. Nunc id agamus quod coepimus, quom praesertim ad id nihil pertineat haec de summo malo bonoque dissensio.

Marcvs: Prudentissime, Quinte, dicis. Nam quae a me adhuc dicta sunt . . .

Qvintvs: . . . nec Lycurgi leges neque Solonis neque Charondae neque Zaleuci, nec nostras duodecim tabulas nec plebiscita desidero, sed te existimo cum populis, tum etiam singulis, hodierno sermone leges uiuendi et disciplinam daturum.

Marcvs: Est huius uero disputationis, Quinte, proprium, id quod expectas, atque utinam esset etiam facultatis meae! Sed profecto ita se res habet, ut quoniam uitiorum emendatricem legem esse oportet commendatricemque uirtutum, ab eadem uiuendi doctrina ducatur. Ita fit ut mater omnium bonarum rerum sit sapientia, a quoius amore Graeco uerbo philosophia nomen inuenit, qua nihil a dis immortalibus uberius, nihil florentius, nihil praestabilius hominum uitae datum est. Haec enim una nos cum ceteras res omnes, tum, quod est difficillimum, docuit, ut nosmet ipsos nosceremus, cuius praecepti tanta uis et tanta sententia est, ut ea non homini quoipiam, sed Delphico deo tribueretur.

Nam qui se ipse norit, primum aliquid se habere sentiet diuinum ingeniumque in se suum sicut simulacrum aliquod dicatum putabit, tantoque munere deorum semper dignum aliquid et faciet et sentiet, et quom se ipse perspexerit totumque temptarit, intelleget quem ad modum a natura subornatus in uitam uenerit, quantaque instrumenta habeat ad obtinendam adipiscendamque sapientiam, quoniam principio rerum omnium quasi adumbratas intellegentias animo ac mente conceperit, quibus inlustratis sapientia duce bonum uirum et, ob eam ipsam causam, cernat se beatum fore.

Nam quom animus cognitis percep tisque uirtutibus a corporis obsequio indulgentiaque discesserit, uoluptatemque sicut labem aliquam dedecoris oppresserit, omnemque mortis dolorisque timorem effugerit, societateque caritatis cohaeserit cum suis, omnesque natura coniunctos suos duxerit, cultumque deorum et puram religionem susceperit, et exacuerit illam, ut oculorum, sic ingenii aciem ad bona seligenda et reicienda contraria (quae uirtus ex prouidendo est appellata prudentia), quid eo dici aut cogitari poterit beatius?

Idemque quom caelum, terras, maria rerumque omnium naturam perspexerit, eaque unde generata quo recursura, quando, quo modo obitura, quid in iis mortale et caducum, quid diuinum aeternumque sit uiderit, ipsumque ea moderantem et regentem deum paene prenderit, seseque non oppidi circumdatum moenibus popularem alicuius definiti loci, sed ciuem totius mundi quasi unius urbis agnouerit, in hac ille magnificentia rerum, atque in hoc conspectu et cognitione naturae, dii inmortales, qualem se ipse noscet! quod Apollo praecepit Pythius Quam contemnet, quam despiciet, quam pro nihilo putabit ea quae uolgo dicuntur amplissima!

Atque haec omnia quasi saepimento aliquo uallabit disserendi ratione, ueri et falsi iudicandi scientia, et arte quadam intellegendi quid quamque rem sequatur et quid sit quoique contrarium. Quomque se ad ciuilem societatem natum senserit, non solum illa subtili disputatione sibi utendum putabit sed etiam fusa latius perpetua oratione, qua regat populos, qua stabiliat leges, qua castiget improbos, qua tueatur bonos, qua laudet claros uiros, qua praecepta salutis et laudis apte ad persuadendum edat suis ciuibus, qua hortari ad decus, reuocare a flagitio, consolari possit adflictos, factaque et consulta fortium et sapientium cum improborum ignominia sempiternis monumentis prodere. Quae quom tot res tantaeque sint, quae inesse in homine perspiciantur ab iis qui se ipsi uelint nosse, earum parens est educatrixque sapientia.

Atticvs: Laudata quidem a te grauiter et uere! Sed quorsus hoc pertinet?

Marcvs: Primum ad ea, Pomponi, de quibus acturi iam sumus, quae tanta esse uolumus. Non enim erunt, nisi ea fuerint, unde illa manant, amplissima. Deinde facio et lubenter et, ut spero, recte, quod eam quoius studio teneor quaeque me eum, quicumque sum, effecit, non possum silentio praeterire.

Atticvs: Recte uero facis et merito et pie, fuitque id, ut dicis, in hoc sermone faciundum.

LIBER SECUNDVS

Atticus: Sed visne, quoniam et satis iam ambulatum est, et tibi aliud dicendi initium sumendum est, locum mutemus et in insula quae est in Fibreno — nam opinor id illi alteri flumini nomen est — sermoni reliquo demus operam sedentes?

Marcus: Sane quidem. Nam illo loco libentissime soleo uti, sive quid mecum ipse cogito, sive aliquid scribo aut lego.

Atticus: Equidem, qui nunc potissimum huc venerim, satiari non queo, magnificasque villas et pavimenta marmorea et laqueata tecta contemno. Ductus vero aquarum, quos isti Nilos et Euripos vocant, quis non cum haec videat inriserit? Itaque ut tu paulo ante de lege et de iure disserens ad naturam referebas omnia, sic in his ipsis rebus, quae ad requietem animi delectationemque quaeruntur, natura dominatur. Quare antea mirabar — nihil enim his in locis nisi saxa et montis cogitabam, itaque ut facerem et narrationibus inducebar tuis et versibus —, sed mirabar ut dixi, te tam valde hoc loco delectari. Nunc contra miror te cum Roma absis usquam potius esse.

Marcus: Ego veto, cum licet pluris dies abesse, praesertim hoc tempore anni, et amoenitatem et salubritatem hanc sequor; raro autem licet. Sed nimirum me alia quoque causa delectat, quae te non attingit Tite.

Atticus: Quae tandem ista causa est?

Marcus: Quia si verum dicimus, haec est mea et huius fratris mei germana patria. Hic enim orti stirpe antiquissima sumus, hic sacra, hic genus, hic maiorum multa vestigia. Quid plura? Hanc vides villam, ut nunc quidem est, lautius aedificatam patris nostri studio, qui cum esset infirma valetudine, hic fere aetatem egit in litteris. Sed hoc ipso in loco, cum avos viveret et antiquo more parva esset villa, ut illa Curiana in Sabinis, me scito esse natum. Qua re inest nescio quid et latet in animo ac sensu meo, quo me plus hic locus fortasse delectet, si quidem etiam ille sapientissimus vir Ithacam ut videret inmortalitatem scribitur repudiasse.

Atticus: Ego vero tibi istam iustam causam puto, cur huc libentius venias atque hunc locum diligas. Quin ipse, vere dicam, sum illi villae amicior modo factus atque huic omni solo, in quo tu ortus et procreatus es. Movemur enim nescio quo pacto locis ipsis, in quibus eorum quos diligimus aut admiramur adsunt vestigia. Me quidem ipsae illae nostrae Athenae non tam operibus magnificis exquisitisque antiquorum artibus delectant, quam recordatione summorum virorum, ubi quisque habitare, ubi sedere, ubi disputare sit solitus, studioseque eorum etiam sepulcra contemplor. Quare istum ubi tu es natus plus amabo posthac locum.

Marcus: Gaudeo igitur me incunabula paene mea tibi ostendisse.

Atticus: Equidem me cognosse admodum gaudeo. Sed illud tamen quale est quod paulo ante dixisti, hunc locum — id enim ego te accipio dicere Arpinum — germanam patriam esse vestram? Numquid duas habetis patrias, an est una illa patria communis? Nisi forte sapienti illi Catoni fuit patria non Roma sed Tusculum.

Marcus: Ego mehercule et illi et omnibus municipibus duas esse censeo patrias, unam naturae, alteram civitatis: ut ille Cato, quom esset Tusculi natus, in populi Romani civitatem susceptus est, itaque quom ortu Tusculanus esset, civitate Romanus, habuit alteram loci patriam, alteram iuris; ut vestri Attici, priusquam Theseus eos demigrare ex agris et in astu quod appellatur omnis conferre se iussit, et sui erant idem et Attici, sic nos et eam patriam dicimus ubi nati, et illam a qua excepti sumus. Sed necesse est caritate eam praestare e qua rei publicae nomen universae civitati est, pro qua mori et cui nos totos dedere et in qua nostra omnia ponere et quasi consecrare debemus. Dulcis autem non multo secus est ea quae genuit quam illa quae excepit. Itaque ego hanc meam esse patriam prorsus numquam negabo, dum illa sit maior, haec in ea contineatur. * duas habet civitatis, sed unam illas civitatem putat.

Atticus: Recte igitur Magnus ille noster me audiente posuit in iudicio, quom pro Ampio tecum simul diceret, rem publicam nostram iustissimas huic municipio gratias agere posse, quod ex eo duo sui conservatores exstitissent, ut iam videar adduci, hanc quoque quae te procrearit esse patriam tuam. Sed ventum in insulam est. Hac vero nihil est amoenius. Etenim hoc quasi rostro finditur Fibrenus, et divisus aequaliter in duas partes latera haec adluit, rapideque dilapsus cito in unum confluit, et tantum conplectitur quod satis sit modicae palaestrae loci. Quo effecto, tamquam id habuerit operis ac muneris, ut hanc nobis efficeret sedem ad disputandum, statim praecipitat in Lirem, et quasi in familiam patriciam venerit, amittit nomen obscurius, Liremque multo gelidiorem facit. Nec enim ullum hoc frigidius flumen attigi, cum ad multa accesserim, ut vix pede temptare id possim, quod in Phaedro Platonis facit Socrates.

Marcus: Est vero ita. Sed tamen huic amoenitate, quem ex Quinto saepe audio, Thyamis Epirotes tuus ille nihil opinor concesserit.

Quintus: Est ita ut dicis. Cave enim putes Attici nostri Amalthio platanisque illis quicquam esse praeclarius. Sed si videtur considamus hic in umbra, atque ad eam partem sermonis ex qua egressi sumus revertamur.

Marcus: Praeclare exigis Quinte — at ego effugisse arbitrabar —, et tibi horum nihil deberi potest.

Quintus: Ordire igitur, nam hunc tibi totum dicamus diem.

Marcus: 'A Iove Musarum primordia', sicut in Aratio carmine orsi sumus.

Quintus: Quorsum istuc?

Marcus: Quia nunc item ab eodem et a ceteris diis immortalibus sunt nobis agendi capienda primordia.

Quintus: Optime vero frater, et fieri sic decet.

Marcus: Videamus igitur rursus, priusquam adgrediamur ad leges singulas, vim naturamque legis, ne quom referenda sint ad eam nobis omnia, labamur interdum errore sermonis, ignoremusque vim rationis eius qua iura nobis definienda sint.

Quintus: Sane quidem hercle, et est ista recta docendi via.

Marcus: Hanc igitur video sapientissimorum fuisse sententiam, legem neque hominum ingeniis excogitatam, nec scitum aliquod esse populorum, sed aeternum quiddam, quod universum mundum regeret imperandi prohibendique sapientia. Ita principem legem illam et ultimam mentem esse dicebant omnia ratione aut cogentis aut vetantis dei. Ex quo illa lex, quam di humano generi dederunt, recte est laudata: est enim ratio mensque sapientis ad iubendum et ad deterrendum idonea.

Quintus: Aliquotiens iam iste iocus a te tactus est. Sed antequam ad populares leges venias, vim istius caelestis legis explana si placet, ne aestus nos consuetudinis absorbeat et ad sermonis morem usitati trahat.

Marcus: A parvis enim Quinte didicimus, 'si in ius vocat' atque alia eius modi leges alias nominare. Sed vero intellegi sic oportet, et hoc et alia iussa ac vetita populorum vim habere ad recte facta vocandi et a peccatis avocandi, quae vis non modo senior est quam aetas populorum et civitatium, sed aequalis illius caelum atque terras tuentis et regentis dei. Neque enim esse mens divina sine ratione potest, nec ratio divina non hanc vim in rectis pravisque sanciendis habere, nec quia nusquam erat scriptum, ut contra omnis hostium copias in ponte unus adsisteret, a tergoque pontem interscindi iuberet, idcirco minus Coclitem illum rem gessisse tantam fortitudinis lege atque imperio putabimus, nec si regnante L. Tarquinio nulla erat Romae scripta lex de stupris, idcirco non contra illam legem sempiternam Sex. Tarquinius vim Lucretiae Tricipitini filiae attulit. Erat enim ratio, profecta a rerum natura, et ad recte

faciendum inpellens et a delicto avocans, quae non tum denique
incipit lex esse quom scripta est, sed tum quom orta est. Orta
autem est simul cum mente divina. Quam ob rem lex vera atque
princeps, apta ad iubendum et ad vetandum, ratio est recta
summi Iovis.

  Quintus: Adsentior frater, ut quod est rectum verumque,
aeternum quoque ratio, est sit, neque cum litteris quibus scita
scribuntur aut oriatur aut occidat. Marcus: Ergo ut illa divina
mens summa lex est, item quom in homine est perfecta in mente
sapientis. Quae sunt autem varie et ad tempus descriptae
populis, favore magis quam re legum nomen tenent. Omnem
enim legem, quae quidem recte lex appellari possit, esse
laudabilem quibusdam talibus argumentis docent. Constare
profecto ad salutem civium civitatumque incolumitatem
vitamque hominum quietam et beatam inventas esse leges,
eosque qui primum eiusmodi scita sanxerint, populis ostendisse
ea se scripturos atque laturos, quibus illi adscitis susceptisque
honeste beateque viverent, quaeque ita conposita sanctaque
essent, eas leges videlicet nominarent. Ex quo intellegi par est,
eos qui perniciosa et iniusta populis iussa descripserint, quom
contra fecerint quam polliciti professique sint, quidvis potius
tulisse quam leges, ut perspicuum esse possit, in ipso nomine
legis interpretando inesse vim et sententiam iusti et veri
legendi.

  Quaero igitur a te Quinte, sicut illi solent: quo si civitas careat
ob eam ipsam causam quod eo careat pro nihilo habenda sit, id
estne numerandum in bonis?

Quintus: Ac maxumis quidem.

Marcus: Lege autem carens civitas estne ob ipsum habenda
nullo loco?

Quintus: Dici aliter non potest.

Marcus: Necesse est igitur legem haberi in rebus optimis.

Quintus: Prorsus adsentior.

  Marcus: Quid quod multa perniciose, multa pestifere
sciscuntur in populis, quae non magis legis nomen adtingunt,
quam si latrones aliqua consensu suo sanxerint? Nam neque
medicorum praecepta dici vere possunt, si quae inscii
inperitique pro salutaribus mortifera conscripserint, neque in
populo lex, cuicuimodi fuerit illa, etiam si perniciosum aliquid

populus acceperit. Ergo est lex iustorum iniustorumque distinctio, ad illam antiquissimam et rerum omnium principem expressa naturam, ad quam leges hominum diriguntur, quae supplicio inprobos adficiunt, defendunt ac tuentur bonos.

Quintus: Praeclare intellego, nec vero iam aliam esse ullam legem puto non modo habendam sed ne appellandam quidem.

Marcus: Igitur tu Titias et Apuleias leges nullas putas?

Quintus: Ego vero ne Livias quidem.

Marcus: Et recte, quae praesertim uno versiculo senatus puncto temporis sublatae sint. Lex autem illa, cuius vim explicavi, neque tolli neque abrogari potest.

Quintus: Eas tu igitur leges rogabis videlicet quae numquam abrogentur.

Marcus: Certe, si modo acceptae a duobus vobis erunt. Sed ut vir doctissimus fecit Plato atque idem gravissimus philosophorum omnium, qui princeps de re publica conscripsit idemque separatim de legibus eius, idem mihi credo esse faciundum, ut priusquam ipsam legem recitem, de eius legis laude dicam. Quod idem et Zaleucum et Charondam fecisse video, quom quidem illi non studii et delectationis sed rei publicae causa leges civitatibus suis scripserint. Quos imitatus Plato videlicet hoc quoque legis putavit esse, persuadere aliquid, non omnia vi ac minis cogere.

Quintus: Quid quod Zaleucum istum negat ullum fuisse Timaeus?

Marcus: At ait Theophrastus, auctor haud deterior mea quidem sententia — meliorem multi nominant —, commemorant vero ipsius cives, nostri clientes, Locri. Sed sive fuit sive non fuit, nihil ad rem: loquimur quod traditum est.

Sit igitur hoc iam a principio persuasum civibus, dominos esse omnium rerum ac moderatores deos, eaque quae gerantur eorum geri iudicio ac numine, eosdemque optime de genere hominum mereri, et qualis quisque sit, quid agat, quid in se admittat, qua mente, qua pietate colat religiones, intueri, piorumque et impiorum habere rationem . . . conprehendantur, ratione nulla.

His enim rebus inbutae mentes haud sane abhorrebunt ab utili aut a vera sententia. Quid est enim verius quam neminem esse oportere tam stulte adrogantem, ut in se rationem et mentem putet inesse, in caelo mundoque non putet? Aut ut ea quae vix summa ingenii ratione moveri putet? Quem vero astrorum ordines, quem dierum noctiumque vicissitudines, quem mensum temperatio, quemque ea quae gignuntur nobis ad fruendum, non gratum esse cogunt, hunc hominem omnino numerari qui decet? Quomque omnia quae rationem habent praestent iis quae sint rationis expertia, nefasque sit dicere ullam rem praestare naturae omnium rerum, rationem inesse in ea confitendum est. Utilis esse autem has opiniones quis neget, quom intellegat quam multa firmentur iure iurando, quantae saluti sint foederum religiones, quam multos divini supplicii metus a scelere revocarit, quamque sancta sit societas civium inter ipsos, diis inmortalibus interpositis tum iudicibus tum testibus? Habes legis prooemium; sic enim haec appellat Plato.

Quintus: Habeo vero frater, et in hoc admodum delector quod in aliis rebus aliisque sententiis versaris atque ille. Nihil enim tam dissimile quam vel ea quae ante dixisti, vel hoc ipsum de deis exordium. Unum illud mihi videris imitari, orationis genus.

Marcus: Velle fortasse: quis enim id potest aut umquam poterit imitari? Nam sententias interpretari perfacile est, quod quidem ego facerem, nisi plane esse vellem meus. Quid enim negotii est eadem prope verbis isdem conversa dicere?

Quintus: Prorsus adsentior. Verum ut modo tute dixisti, te esse malo tuum. Sed iam exprome si placet istas leges de religione.

Marcus: Expromam equidem ut potero, et quoniam et locus et sermo haudquaquam familiaris est, legum leges voce proponam.

Quintus: Quidnam id est?

Marcus: Sunt certa legum verba Quinte, neque ita prisca ut in veteribus XII sacratisque legibus, et tamen, quo plus auctoritatis habeant, paulo antiquiora quam hic sermo noster est. Eum morem igitur cum brevitate si potuero consequar. Leges autem a me edentur non perfectae — nam esset infinitum —, sed ipsae summae rerum atque sententiae.

Quintus : Ita vero necesse est. Quare audiamus.

Marcus: 'Ad divos adeunto caste, pietatem adhibento, opes amovento. Qui secus faxit, deus ipse vindex erit.' 'Separatim nemo habessit deos neve novos neve advenas nisi publice adscitos; privatim colunto quos rite a patribus cultos acceperint.'

'in urbibus delubra habento. Lucos in agris habento et Larum sedes.' 'Ritus familiae patrumque servanto.' 'Divos et eos qui caelestes semper habiti sunt colunto et ollos quos endo caelo merita locaverint, Herculem, Liberum, Aesculapium, Castorem, Pollucem, Quirinum, ast olla propter quae datur homini ascensus in caelum, Mentem, Virtutem, Pietatem, Fidem, earumque laudum delubra sunto, nec ulla vitiorum sacra sollemnia obeunto.' 'Feriis iurgia amovento, easque in famulis operibus patratis habento, idque ut ita cadat in annuis anfractibus descriptum esto.' 'Certasque fruges certasque bacas sacerdotes publice libanto hoc certis sacrificiis ac diebus, itemque alios ad dies ubertatem lactis feturaeque servanto, idque ne omitti possit, ad eam rem rationem cursus annuos sacerdotes finiunto, quaeque quoique divo decorae grataeque sint hostiae, providento.' 'Divisque aliis alii sacerdotes, omnibus pontifices, singulis flamines sunto. Virginesque Vestales in urbe custodiunto ignem foci publici sempitemum.' 'Quoque haec privatim et publice modo rituque fiant, discunto ignari a publicis sacerdotibus. Eorum autem genera sunto tria: unum quod praesit caerimoniis et sacris, alterum quod interpretetur fatidicorum et vatium ecfata incognita, quae eorum senatus populusque asciverit. Interpretes autem Iovis optumi maxumi, publici augures, signis et auspiciis operam danto, disciplinam tenento, sacerdotesque vineta virgetaque et salutem populi auguranto, quique agent rem duelli quique popularem, auspicium praemonento ollique obtemperanto. Divorumque iras providento sisque apparento, caelique fulgura regionibus ratis temperanto, urbemque et agros et templa liberata et effata habento. Quaeque augur iniusta nefasta vitiosa dira deixerit, inrita infectaque sunto, quique non paruerit, capital esto.' 'Foederum pacis belli indotiarum ratorum fetiales iudices nontii sunto, bella disceptanto.' 'Prodigia portenta ad Etruscos et haruspices si senatus iussit deferunto, Etruriaque principes disciplinam doceto. Quibus divis creverint, procuranto, idemque fulgura atque obstita pianto.' 'Nocturna mulierum sacrificia ne sunto praeter olla quae pro populo rite fient. Neve quem initianto nisi ut adsolet Cereri Graeco sacro.'
'Sacrum commissum quod neque expiari poterit impie commissum esto; quod expiari poterit publici sacerdotes

expianto.' 'Loedis publicis quod sive curriculo et sine certatione corporum sive cantu et fidibus et tibiis fiat, popularem laetitiam moderanto eamque cum divum honore iungunto.' 'Ex patriis ritibus optuma colunto.ë 'Praeter Idaeae Matris famulos eosque iustis diebus ne quis stipem cogito.' 'Sacrum sacrove commendatum qui clepsit rapsitve, parricida esto.' 'Periurii poena divina exitium, humana dedecus.' 'Incestum pontifices supremo supplicio sanciunto.' 'Impius ne audeto placare donis iram deorum.' ',Caute vota reddunto.' 'Poena violati iuris esto.' 'quocirca Nequis agrum consecrato.' 'Auri, argenti, eboris sacrandi modus esto.' 'Sacra privata perpetua manento.' 'Deorum Manium iura sancta sunto. Bonos leto datos divos habento. Sumptum in ollos luctumque minuunto.'

Atticus: Conclusa quidem est a te magna lex sane quam brevi! Sed ut mihi quidem videtur, non multum discrepat ista constitutio religionum a legibus Numae nostrisque moribus.

Marcus: An censes, quom in illis de re publica libris persuadere videatur Africanus, omnium rerum publicarum nostram veterem illam fuisse optumam, non necesse esse optumae rei publicae leges dare consentaneas?

Atticus : Immo prorsus ita censeo.

Marcus: Ergo adeo expectate leges, quae genus illud optumum rei publicae contineant, et si quae forte a me hodie rogabuntur, quae non sint in nostra re publica nec fuerint, tamen fuerunt fere in more maiorum, qui tum ut lex valebat.

Atticus: Suade igitur si placet istam ipsam legem, ut ego 'ut ei tu rogas' possim dicere.

Marcus: Ain tandem Attice? Non es dicturus aliter?

Atticus: Prorsus maiorem quidem rem nullam sciscam aliter, in minoribus si voles remittam hoc tibi.

Quintus: Atque mea quidem eadem sententia est.

Marcus: At ne longum fiat videte.

Atticus: Utinam quidem! Quid enim agere malimus?

Marcus: Caste iubet lex adire ad deos, animo videlicet in quo sunt omnia; nec tollit castimoniam corporis, sed hoc oportet intellegi, quom multum animus corpori praestet, observeturque ut casto corpore adeatur, multo esse in animis id servandum magis. Nam illud vel aspersione aquae vel dierum numero tollitur, animi labes nec diuturnitate evanescere nec amnibus ullis elui potest.

Quod autem pietatem adhiberi, opes amoveri iubet, significat probitatem gratam esse deo, sumptum esse removendum. Quom enim paupertatem cum divitiis etiam inter homines esse aequalem velimus, cur eam sumptu ad sacra addito deorum aditu arceamus? Praesertim cum ipsi deo nihil minus gratum futurum sit, quam non omnibus patere ad se placandum et colendum viam. Quod autem non iudex sed deus ipse vindex constituitur, praesentis poenae metu religio confirmari videtur. Suosque deos aut novos aut alienigenas coli confusionem habet religionum et ignotas caerimonias nostris sacerdotibus.

Nam a patribus acceptos deos ita placet coli, si huic legi paruerint ipsi patres. Delubra esse in urbibus censeo, nec sequor magos Persarum quibus auctoribus Xerses inflammasse templa Graeciae dicitur, quod parietibus includerent deos, quibus omnia deberent esse patentia ac libera, quorumque hic mundus omnis templum esset et domus.

Melius Graii atque nostri, qui ut augerent pietatem in deos, easdem illos urbis quas nos incolere voluerunt. Adfert enim haec opinio religionem utilem civitatibus, si quidem et illud bene dictum est a Pythagora doctissimo viro, tum maxume et pietatem et religionem versari in animis, cum rebus divinis operam daremus, et quod Thales qui sapientissimus in septem fuit, homines existimare oportere, omnia quae cernerent deorum esse plena; fore enim omnis castioris, veluti quom in fanis essent maxime religiosis. Est enim quaedam opinione species deorum in oculis, non solum in mentibus.

Eandemque rationem luci habent in agris, neque ea quae a maioribus prodita est cum dominis tum famulis, posita in fundi villaeque conspectu, religio Larum repudianda est. Iam ritus familiae patrumque servare, id est, quoniam antiquitas proxume accedit ad deos, a dis quasi traditam religionem tueri. Quod autem ex hominum genere consecratos, sicut Herculem et ceteros, coli lex iubet, indicat omnium quidem animos inmortalis esse, sed fortium bonorumque divinos.

Bene vero quod Mens, Pietas, Virtus, Fides consecrantur humanae, quarum ommum Romae dedicata publice templa sunt, ut illas qui habeant — habent autem omnes boni — deos ipsos in animis suis conlocatos putent. Nam illud vitiosum

Athenis quod Cylonio scelere expiato, Epimenide Crete suadente, fecerunt Contumeliae fanum et Inpudentiae, magnumque consecravit gymnasiis in simulacra Amorum et Cupidinum quod Graeciasuscepit consilium audax. Virtutes enim, non vitia consecrari decet. Araque vetusta in Palatio Febris et altera Esquiliis Malae Fortunae detestanda, atque omnia eius modi repudianda sunt. Quodsi fingenda nomina, Vicaepotae potius vincendi atque potiundi, Statae standi, cognominaque Statoris et Invicti Iovis, rerumque expetendarum nomina, Salutis, Honoris, Opis, Victoriae, quoniamque exspectatione rerum bonarum erigitur animus, recte etiam Spes a Calatino consecrata est. Fortunaque sit vel Huiusce diei — nam valet in omnis dies —, vel Respiciens ad opem ferendam, vel Fors in quo incerti casus significantur magis, vel Primigenia a gignendo comes.

Tum feriarum festorumque dierum ratio in liberis requietem habet litium et iurgiorum, in servis operum et laborum; quas conpositio anni conferre debet ad perfectionem operum rusticorum. Quod ad tempus ut sacrificiorum libamenta serventur fetusque pecorum quae dicta in lege sunt, diligenter habenda ratio intercalandi est, quod institutum perite a Numa posteriorum pontificum neglegentia dissolutum est. Iam illud ex institutis pontificum et haruspicum non mutandum est, quibus hostiis immolandum quoique deo, cui maioribus, cui lactentibus, cui maribus, cui feminis. Plures autem deorum omnium, singuli singulorum sacerdotes et respondendi iuris et conficiendarum religionum facultatem adferunt. Quomque Vesta quasi focum urbis, ut Graeco nomine est appellata — quod nos prope idem ac Graecum, non interpretatum nomen tenemus —, conplexa sit, ei colendae VI virgines praesint, ut advigiletur facilius ad custodiam ignis, et sentiant mulieres in naturam feminarum omnem castitatem pati.

Quod sequitur vero, non solum ad religionem pertinet sed etiam ad civitatis statum, ut sine iis, qui sacris publice praesint, religioni privatae satis facere non possint. Continet enim rem publicam, consilio et auctoritate optimatium semper populum indigere, discriptioque sacerdotum nullum iustae religionis genus praetermittit. Nam sunt ad placandos deos alii constituti, qui sacris praesint sollemnibus, ad interpretanda alii praedicta vatium, neque multorum ne esset infinitum, neque ut ea ipsa quae suscepta publice essent quisquam extra conlegium nosset. Maximum autem et praestantissimum in re publica ius est augurum cum auctoritate coniunctum, neque vero hoc quia sum ipse augur ita sentio, sed quia sic existimari nos est necesse. Quid enim maius est, si de iure quaerimus, quam posse a summis imperiis et summis potestatibus comitiatus et concilia vel instituta dimittere vel habita rescindere? Quid gravius quam rem susceptam dirimi, si unus augur 'alio die' dixerit? Quid magnificentius quam posse decernere, ut magistratu se abdicent consules? Quid religiosius quam cum populo, cum plebe agendi ius aut dare aut non dare? Quid, legem si non iure rogata est tollere, ut Titiam decreto conlegi, ut Livias consilio Philippi consulis et auguris? Nihil domi, nihil militiae per magistratus gestum sine eorum auctoritate posse cuiquam probari?

Atticus: Age iam ista video fateorque esse magna. Sed est in conlegio vestro inter Marcellum et Appium optimos augures magna dissensio − nam eorum ego in libros incidi −, cum alteri placeat auspicia ista ad utilitatem esse rei publicae composita, alteri disciplina vestra quasi divinari videatur posse. Hac tu de re quaero quid sentias.

Marcus: Egone? Divinationem, quam Graeci *mavtikev* appellant, esse sentio, et huius hanc ipsam partem quae est in avibus ceterisque signis quod disciplinae nostrae. Si enim deos esse concedimus, eorumque mente mundum regi, et eosdem hominum consulere generi, et posse nobis signa rerum futurarum ostendere, non video cur esse divinationem negem. Sunt autem ea quae posui, ex quibus id quod volumus efficitur et cogitur. Iam vero permultorum exemplorum et nostra est plena res publica et omnia regna omnesque populi cunctaeque gentes, ex augurum praedictis multa incredibiliter vera cecidisse. Neque enim Polyidi neque Melampodis neque Mopsi neque Amphiarai neque Calchantis neque Heleni tantum nomen fuisset, neque tot nationes id ad hoc tempus retinuissent, ut Phrygum, Lycaonum, Cilicum maximeque Pisidarum, nisi vetustas ea certa esse docuisset. Nec vero Romulus noster auspicato urbem condidisset, neque Atti Navi nomen memoria floreret tam diu, nisi omnes hi multa ad veritatem admirabilia dixissent. Sed dubium non est quin haec disciplina et ars augurum evanuerit iam et vetustate et neglegentia. Ita neque illi adsentior qui hanc scientiam negat umquam in nostro collegio fuisse, neque illi qui esse etiam nunc putat. Quae mihi videtur apud maiores fuisse duplex, ut ad rei publicae tempus non numquam, ad agendi consilium saepissime pertineret.

Atticus: Credo hercle ita esse, istique rationi potissimum adsentior. Sed redde cetera.

Marcus: Reddam vero, et id si potero brevi. Sequitur enim de iure belli, in quo et suscipiendo et gerendo et deponendo ius ut plurimum valeret et fides, eorumque ut publici interpretes essent, lege sanximus. Iam de haruspicum religione, de expiationibus et procurationibus satis esse plane in ipsa lege dictum puto.

Atticus: Adsentior, quoniam omnis haec in religione versatur oratio.

Marcus: At vero quod sequitur quo modo aut tu adsentiare ego reprehendam sane quaero Tite.

Atticus: Quid tandem id est?

Marcus: De nocturnis sacrificiis mulierum.

Atticus: Ego vero adsentior, excepto praesertim in ipsa lege sollemni sacrificio ac publico.

Marcus: Quid ergo aget Iacchus Eumolpidaeque vostri et augusta illa mysteria, si quidem sacra nocturna tollimus? Non enim populo Romano sed omnibus bonis firmisque populis leges damus.

Atticus: Excipis credo illa quibus ipsi initiati sumus.

Marcus : Ego vero excipiam. Nam mihi cum multa eximia divinaque videntur Athenae tuae peperisse atque in vitam hominum attulisse, tum nihil meilus illis mysteriis, quibus ex agresti immanique vita exculti ad humanitatem et mitigati sumus, initiaque ut appellantur ita re vera principia vitae cognovimus, neque solum cum laetitia vivendi rationem accepimus, sed etiam cum spe meliore moriendi. Quid autem mihi displiceat in nocturnis, poetae indicant comici. Qua licentia Romae data quidnam egisset ille qui in saerificium cogitatam libidinem intulit, quo ne inprudentiam quidem oculorum adici fas fuit?

Atticus : Tu vero istam Romae legem rogato, nobis nostras ne ademeris.

Marcus: Ad nostras igitur revertor. Quibus profecto diligentissime sanciendum est, ut mulierum famam multorum oculis lux clara custodiat, initienturque eo ritu Cereri quo Romae initiantur. Quo in genere severitatem maiorum senatus vetus auctoritas de Bacchanalibus et consulum exercitu adhibito quaestio animadversioque declarat. Atque omnia nocturna — ne nos duriores forte videamur — in media Graecia Pagondas Thebanus lege perpetua sustulit. Novos vero deos et in his colendis nocturnas pervigilationes sic Aristophanes facetissumus poeta veteris comoediae vexat, ut apud eum Sabatius et quidam alii dei peregrini iudicati e civitate eiciantur. Publicus autem sacerdos inprudentiam consilio expiatam metu liberet, audaciam libidines inmittendi religionibus foedas damnet atque inpiam iudicet.

Iam ludi publici quoniam sunt cavea circoque divisi, sint corporum certationes cursu et pugillatu et luctatione curriculisque equorum usque ad certam victoriam in circo constitutae, cavea cantui vacet ac fidibus et tibiis, dummodo ea moderata sint ut lege praescribitur. Adsentior enim Platoni nihil tam facile in animos teneros atque mollis influere quam varios canendi sonos, quorum dici vix potest quanta sit vis in utramque partem. Namque et incitat languentis, et languefacit excitatos, et tum remittit animos tum contrahit, civitatumque hoc multarum in Graecia interfuit, antiquom vocum conservari modum; quarum mores lapsi ad mollitias pariter sunt inmutati cum cantibus, aut hac dulcedine corruptelaque depravati ut quidam putant, aut cum severitas morum ob alia vitia cecidisset, tum fuit in auribus animisque mutatis etiam huic mutationi locus.

Quam ob rem ille quidem sapientissimus Graeciae vir longeque doctissimus valde hanc labem veretur. Negat enim mutari posse musicas leges sine mutatione legum publicarum. Ego autem nec tam valde id timendum nec plane contemnendum puto. Illud quidem videmus, quae solebat quondam conpleri severitate iucunda Livianis et Naevianis modis, nunc ut eadem exultet cavea * cervices oculosque pariter cum modorum flexionibus torqueant. Graviter olim ista vindicabat vetus illa Graecia, longe providens quam sensim pernicies inlapsa civium in animos, malis studiis malisque doctrinis repente totas civitates everteret, si quidem illa severa Lacedaemo nervos iussit quos plures quam septem haberet in Timothei fidibus incidi.

Deinceps in lege est ut de ritibus patriis colantur optuma. De quocumque consulerent Athenienses Apollinem Pythium, quas potissimum religiones tenerent, oraclum editum est 'eas quae essent in more maiorum'. Quo cum iterum venissent maiorumque morem dixissent saepe esse mutatum, quaesissentque quem morem potissimum sequerentur e variis, respondit 'optumum'. Et profecto ita est ut id habendum sit antiquissimum et deo proximum, quod sit optumum. Stipem sustulimus nisi eam quam ad paucos dies propriam Idaeae Matris excepimus. Implet enim superstitione animos et exhaurit domus. Sacrilego poena est, neque ei soli qui sacrum abstulerit, sed etiam ei qui sacro commendatum.

Quod et nunc multis fit in fanis, et olim Alexander in Cilicia deposuisse apud Solensis in delubro pecuniam dicitur, et Atheniensis Clisthenes civis egregius, quom rebus timeret suis, Iunoni Samiae filiarum dotis credidisse. Iam de periuriis, de incesto nihil sane hoc quidem loco disputandum est. Donis impii ne placare audeant deos, Platonem audiant, qui vetat dubitare qua sit mente futurus deus, quom vir nemo bonus ab inprobo se donari velit. Diligentiam votorum satis in lege dictum est * ac votis sponsio qua obligamur deo. Poena vero violatae religionis iustam recusationem non habet. Quid ego hic sceleratorum utar exemplis, quorum plenae tragoediae? Quae ante oculos sunt, ea potius adtingam. Etsi haec commemoratio vereor ne supra hominis fortunam esse videatur, tamen quoniam sermo mihi est apud vos, nihil reticebo volamque hoc quod loquar diis inmortalibus gratum potius videri quam grave. Omnia tum perditorum civium scelere discessu meo religionum iura polluta sunt, vexati nostri Lares familiares, in eorum sedibus exaedificatum templum Licentiae, pulsus a delubris is qui illa servarat: circumspicite celeriter animo — nihil enim attinet quemquam nominari —, qui sint rerum exitus consecuti: nos, qui illam custodem urbis omnibus ereptis nostris rebus ac perditis violari ab impiis passi non sumus eamque ex nostra domo in ipsius patris domum detulimus, iudicia senatus, Italiac, gentium denique omnium conservatae patriae consecuti sumus. Quo quid accidere potuit homini praeclarius? Quorum scelere religiones tum prostratae adflictaeque sunt, partim ex illis distracti ac dissipati iacent; qui vero ex iis et horum scelerum principes fuerant et praeter ceteros in omni religione inpii, non solum nullo in vita cruciatu atque dedecore, verum etiam sepultura et iustis exsequiarum carent.

Quintus: Equidem ista agnosco frater, et meritas dis gratias ago. Sed nimis saepe secus aliquanto videmus evadere.

Marcus: Non enim Quinte recte existimamus quae poena divina sit, sed opinionibus vulgi rapimur in errorem, nec vera cernimus. Morte aut dolore corporis aut luctu animi aut offensione iudicii hominum miserias ponderamus, quae fateor humana esse et multis bonis viris accidisse. Sceleri ipsi inest poena tristis et praeter eos eventus qui secuntur per se ipsa maxima est: vidimus eos, qui nisi odissent patriam numquam inimici nobis fuissent, ardentis tum cupiditate, tum metu, tum conscientia quidquid agerent, modo timentis, vicissim contemnentis religiones, iudicia corrupta ab isdem corrupta — hominum, non deorum.

Reprimam iam me, non insequar longius, eoque minus quo plus poenarum habeo quam petivi. Tantum ponam brevi, duplicem poenam esse divinam, quod constat et ex vexandis vivorum animis et ea fama mortuorum, ut eorum exitium et iudicio vivorum et gaudio conprobetur.

Agri autem ne consecrentur, Platoni prorsus adsentior, qui si modo interpretari potuero, his fere verbis utitur: 'Terra igitur ut focus domiciliorum sacra deorum omnium est. Quocirca ne quis iterum idem consecrato. Aurum autem et argentum in urbibus et privatim et in fanis invidiosa res est. Tum ebur ex inanimi corpore extractum haud satis castum donum deo. Iam aes atque ferrum duelli instrumenta, non fani. Ligneum autem quod quisque voluerit uno e ligno dicato, itemque lapideum, in delubris communibus, textile ne operosius quam mulieris opus menstruum. Color autem albus praecipue decorus deo est, cum in cetero tum maxime in textili; tincta vero absint nisi a bellicis insignibus. Divinissima autem dona aves et formae ab uno pictore uno absolutae die, itemque cetera huius exempli dona sunto.' Haec illi placent. Sed ego cetera non tam restricte praefinio, vel hominum divitiis vel subsidiis temporum inductus: terrae cultum segniorem suspicor fore, si ad eam utendam ferroque subigendam superstitionis aliquid accesscrit.

Atticus: Habeo ista. Nunc de sacris perpetuis et de Manium iure restat.

Marcus: O miram memoriam Pomponi tuam! At mihi ista exciderant.

Atticus: Ita credo. Sed tamen hoc magis eas res et memini et specto, quod et ad pontificium ius et ad civile pertinent.

Marcus: Vero, et a peritissimis sunt istis de rebus et responsa et scripta multa, et ego in hoc omni sermone nostro, quod ad cumque legis genus me disputatio nostra deduxerit, tractabo quoad potero eius ipsius generis ius civile nostrum, sed ita locus ut ipse notus sit, ex quo ducatur quaeque pars iuris, ut non difficile sit, qui modo ingenio possit moveri, quaecumque nova causa consultatiove acciderit, eius tenere ius, quom scias a quo sit capite repetendum.

Sed iuris consulti, sive erroris obiciundi causa, quo plura et difficiliora scire videantur, sive, quod similius veri est, ignoratione docendi — nam non solum scire aliquid artis est, sed quaedam ars est etiam docendi — saepe quod positum est in una cognitione, id in infinita dispertiuntur. Velut in hoc ipso genere, quam magnum illud Scaevolae faciunt, pontifices ambo et eidem iuris peritissimi! 'Saepe' inquit Publi filius 'ex patre audivi, pontificem bonum neminem esse, nisi qui ius civile cognosset.' Totumne? Quid ita? Quid enim ad pontificem de iure parietum aut aquarum aut luminum nisi eo quod cum religione coniunctum est? Id autem quantulum est! De sacris credo, de votis, de feriis et de sepulcris, et si quid eius modi est. Cur igitur haec tanta facimus, cum cetera perparva sint, de sacris autem, qui locus patet latius, haec sit una sententia, ut conserventur semper et deinceps familiis prodantur, et ut in lege posui perpetua sint sacra?

Hoc posito haec iura pontificum auctoritate consecuta sunt, ut, ne morte patris familias sacrorum memoria occideret, iis essent ea adiuncta ad quos eiusdem morte pecunia venerit. Hoc uno posito, quod est ad cognitionem disciplinae satis, innumerabilia nascuntur quibus implentur iuris consultorum libri. Quaeruntur enim qui adstringantur sacris. Heredum , causa iustissima est; nulla est enim persona quae ad vicem eius qui e vita emigrarit propius accedat. Deinde qui morte testamentove eius

40

tantundem capiat quantum omnes heredes: id quoque ordine, est enim ad id quod propositum est adcommodatum. Tertio loco, si nemo sit heres, is qui de bonis quae eius fuerint quom moritur usu ceperit plurimum possidendo. Quarto qui, si nemo sit qui ullam rem ceperit, de creditoribus eius plurimum servet. Extrema illa persona est, ut, si is, qui ei qui mortuus sit pecuniam debuerit, nemini qui eam solverit, proinde habeatur quasi eam pecuniam ceperit.
Haec nos a Scaevola didicimus, non ita descripta ab antiquis. Nam illi quidem his verbis docebant: tribus modis sacris adstringitur: hereditate, aut si maiorem partem pecuniae capiat, aut si maior pars pecuniae legata est, si inde quippiam ceperit. Sed pontificem sequamur. Videtis igitur omnia pendere ex uno illo, quod pontifices cum pecunia sacra coniungi volunt, isdemque ferias et caerimonias adscribendas putant. Atque etiam hoc docent Scaevolae, quom est partitio, ut si in testamento deducta scripta non sit, ipsique minus ceperint quam omnibus heredibus relinquatur, sacris ne alligentur. In donatione hoc idem secus interpretantur: et quod pater familias in eius donatione qui in ipsius potestate est adprobavit, ratum est; quod eo insciente factum est, si id is non adprobat, ratum non est.
His propositis quaestiunculae multae nascuntur, quas qui non intellegat, si ad caput referat, per se ipse facile perspiciat. Veluti si minus quis cepisset ne sacris alligaretur, at post de eius heredibus aliquis exegisset pro sua parte id quod ab eo quoi ipse heres esset praetermissum fuisset, eaque pecunia non minor esset facta cum superiore exactione quam heredibus omnibus esset relicta, qui eam pecuniam exegisset, solum sine coheredibus sacris alligari. Quin etiam cavent ut, cui plus legatum sit quam sine religione capere liceat, is per aes et libram heredes testamenti solvat, propterea quod eo loco res est ita soluta hereditate, quasi ea pecunia legata non esset.
Hoc ego loco multisque aliis quaero a vobis Scaevolae, pontifices maximi et homines meo quidem iudicio acutissimi, quid sit quod ad ius pontificium civile adpetatis; civilis enim iuris scientia pontificium quodam modo tollitis. Nam sacra cum pecunia pontificum auctoritate, nulla lege coniuncta sunt. Itaquc si vos tantummodo pontifices essetis, pontificalis maneret

auctoritas; sed quod idem iuris civilis estis peritissimi, hac scientia illam eludistis. Placuit P. Scaevolae et Ti. Coruncanio pontificibus maximis itemque ceteris, eos qui tantundem caperent quantum omnes heredes sacris alligari. Habeo ius pontificium.

Quid huc accessit ex iure civili? Partitionis caput scriptum caute, ut centum nummi deducerentur: inventa est ratio cur pecunia sacrorum molestia liberaretur. Quodsi hoc qui testamentum faciebat cavere noluisset, admonet iuris consultus hic quidem ipse Mucius, pontifex idem, ut minus capiat quam omnibus heredibus relinquatur. Superiores dicebant, quicquid cepisset adstringi: rursus sacris liberatur. Hoc vero nihil ad pontificium ius, sed e medio est iure civili, ut per aes et libram heredem testamenti solvant et eodem loco res sit, quasi ea pecunia legata non esset, et si is cui legatum est stipulatus est id ipsum quod legatum est, ut ea pecunia ex stipulatione debeatur, sitque ea non adligata sacris. *Plutarch. quaest. Rom. : . . .

Venio ad Manium iura, quae maiores nostri et sapientissime instituerunt et religiosissime coluerunt. Februario autem mense, qui tum extremus anni mensis erat, mortuis parentari voluerunt; quod tamen D. Brutus, ut scriptum a Sisenna est, Decembri facere solebat. Cuius ego rei causam cum mecum quaererem, Brutum reperiebam in hac re idcirco a more maiorum discessisse, nam Sisennam video causam, cur ille vetus institutum non servaret, ignorare, Brutum antem maiorum nostrorum institutum temere neglexisse non fit mihi veri simile , doctum hominem sane, cuius fuit Accius perfamiliaris; sed mensem credo extremum anni ut veteres Februarium sic hic Decembrem sequebatur. Hostia autem maxima parentare pietatis esse adiunctum putabat.

Iam tanta religio est sepulcrorum, ut extra sacra et gentem inferri fas negent esse, idque apud maiores nostros A. Torquatus in gente Popillia iudicavit. Nec vero tam denicales, quae a nece appellatae sunt quia residentur mortuis, quam ceterorum caelestium quieti dies feriae nominarentur, nisi maiores eos qui ex hac vita migrassent in deorum numero esse voluissent. Eas in eos dies conferre ius, ut nec ipsius neque publicae feriae sint. Totaque huius iuris conpositio pontificalis magnam religionem caerimoniamque declarat, neque necesse est edisseri a nobis, quae finis funestae familiae, quod genus sacrificii Lari vervecibus fiat, quem ad modum os resectum terra obtegatur, quaeque in porca contracta iura sint, quo tempore incipiat sepulcrum esse et religione teneatur.

At mihi quidem antiquissimum sepulturae genus illud fuisse videtur quo apud Xenophontem Cyrus utitur: redditur enim terrae corpus, et ita locatum ac situm quasi operimento matris obducitur. Eodemque ritu in eo sepulcro quod haud procul a Fontis ara est, regem nostrum Numam conditum accepimus, gentemque Corneliam usque ad memoriam nostram hac sepultura scimus esse usam. C. Mari sitas reliquias apud Anienem dissipari iussit Sylla victor, acerbiore odio incitatus, quam si tam sapiens fuisset quam fuit vehemens.

Quod haud scio an timens ne suo corpori posset accidere, primus e patriciis Corneliis igni voluit cremari. Dedarat enim Ennius de Africano: 'Hic est ille situs', vere, nam siti dicuntur ii qui conditi sunt. Nec tamen eorum ante sepulcrum est quam iusta facta et porcus caesus est. Et quod nunc communiter in omnibus sepultis venit usu ut humati dicantur, id erat proprium tum in iis quos humus iniecta contexerat, eumque morem ius pontificale confirmat. Nam prius quam in os iniecta gleba est, locus ille ubi crematum est corpus nihil habet religionis; iniecta gleba tum et ille humatus est et sepulcrum vocatur, ac tum denique multa religiosa iura conplectitur. Itaque in eo qui in nave necatus, deinde in mare proiectus esset, decrevit P. Mucius familiam puram, quod os supra terram non extaret; porcam heredi esse contractam, et habendas triduum ferias et porco femina piaculum faciundum. Si in mari mortuus esset, eadem praeter piaculum et ferias.

Atticus: Video quae sint in pontificio iure, sed quaero ecquidnam sit in legibus.

Marcus: Pauca sane Tite, et ut arbitror non ignota vobis. Sed ea non tam ad religionem spectant quam ad ius sepulcrorum. 'Hominem mortuum' inquit lex in XII ' in urbe ne sepelito neve urito.' Credo vel propter ignis periculum. Quod autem addit 'neve urito', indicat non qui uratur sepelin, sed qui humetur.

Atticus: Quid quod post XII in urbe sepulti sunt clari viri?

Marcus: Credo Tite fuisse aut eos quibus hoc ante hanc legem virtutis causa tributum est, ut Poplicolae, ut Tuberto, quod eorum posteri iure tenuerunt, aut eos si qui hoc ut C. Fabricius

virtutis causa soluti legibus consecuti sunt. Sed ut in urbe
sepeliri lex vetat, sic decretum a pontificum collegio, non esse
ius in loco publico fieri sepulcrum. Nostis extra portam
Collinam aedem Honoris. Aram in eo loco fuisse memoriae
proditum est. Ad eam cum lamina esset inventa, et in ea
scriptum lamina 'Honoris', ea causa fuit ut aedis haec
dedicaretur. Sed quom multa in eo loco sepulcra fuissent,
exarata sunt. Statuit enim collegium locum publicum non
potuisse privata religione obligari.

Iam cetera in XII minuendi sumptus sunt lamentationisque
funebris, translata de Solonis fere legibus. 'Hoc plus' inquit 'ne
facito. Rogum ascea ne polito.' Nostis quae sequuntur.
Discebamus enim pueri XII ut carmen necessarium, quas iam
nemo discit. Extenuato igitur sumptu tribus reciniis et tunicula
purpurea et decem tibicinibus, tollit etiam nimiam
lamentationem: 'Mulieres genas ne radunto neve lessum funeris
ergo habento.' Hoc veteres interpretes Sex. Aelius L. Acilius non
satis se intellegere dixerunt, sed suspicari vestimenti aliquod
genus funebris, L. Aelius lessum quasi lugubrem eiulationem,
ut vox ipsa significat. Quod eo magis iudico verum esse quia lex
Solonis id ipsum vetat. Haec laudabilia et locupletibus fere cum
plebe communia. Quod quidem maxime e natura est, tolli
fortunae discrimen in morte.

Cetera item funebria quibus luctus augetur XII sustulerulit.
'Homini' inquit 'mortuo ne ossa legito quoi pos funus faciat.'
Excipit bellicam peregrinamque mortem. Haec praeterea sunt in
legibus: De uncturaque 'servilis unctura tollitor omnisque
circumpotatio.' Quae et recte tolluntur, neque tollerentur nisi in
usu fuissent. 'Ne sumptuosa respersio, ne longae coronae nec
acerrae praeferantur.' Illa iam significatio est laudis ornamenta
ad mortuos pertinere, quod coronam virtute partam et ei qui
peperisset et eius parenti sine fraude esse lex impositam iubet.
Credoque quod erat factitatum ut uni plura funera fierent
lectique plures sternerentur, id quoque ne fieret lege sanctum
est. Qua in lege quom esset 'neve aurum addito', videtote quam
humane excipiat altera lex praecipit altera lege: 'At cui auro
dentes iuncti escunt, ast im cum ub sepeliet uretve, se fraude
esto.' Et simul illud videtote, aliud habitum esse sepelire et
urere.

Duae sunt praeterea leges de sepulcris, quarum altera privatorum aedificiis, altera ipsis sepulcris cavet. Nam quod 'rogum bustumve novum' vetat 'propius sexaginta pedes adigi aedes alienas invito domino', incendium videtur arcere vetat. Quod autem 'forum', id est vestibulum sepulcri, 'bustumve usu capi' vetat, tuetur ius sepulcrorum. Haec habemus in XII, sane secundum naturam, quae norma legis est. Reliqua sunt in more: funus ut indicatur si quid ludorum, dominusque funeris utatur accenso atque lictoribus,

honoratorum virorum laudes in contione memorentur, easque etiam et cantus ad tibicinem prosequatur, cui nomen neniae, quo vocabulo etiam apud Graecos cantus lugubres nominantur.

Atticus: : Gaudeo nostra iura ad naturam accommodari, maiorumque sapientia admodum delector. Sed requiro ut ceteri sumptus sic etiam sepulcrorum modum.

Marcus : Recte requiris. Quos enim ad sumptus progressa iam ista res sit, in C. Figuli sepulcro vidisse te credo. Minimam olim istius rei fuisse cupiditatem multa extant exempla maiorum. Nostrae quidem legis interpretes, quo capite iubentur sumptum et luctum removere a deorum Manium iure, hoc intellegant in primis, sepulcrorum magnificentiam esse minuendam.

Nec haec a sapientissimis legum scriptoribus neglecta sunt. Nam et Atheniensium in more a Cecrope ut aiunt permansit hoc ius terra humandi, quod quom proxumi fecerant obductaque terra erat, frugibus obserebatur, ut sinus et gremium quasi matris mortuo tribueretur, solum autem frugibus expiatum ut vivis redderetur. Sequebantur epulae quas inibant propinqui coronati, apud quos de mortui laude quom siquid veri erat praedicatum — nam mentiri nefas habebatur —, iusta confecta erant.

Postea quom, ut scribit Phalereus Demetrius, sumptuosa fieri funera et lamentabilia coepissent, Solonis lege sublata sunt, quam legem eisdem prope verbis nostri Xviri in decimam tabulam coniecerunt. Nam de tribus reciniis et pleraque illa Solonis sunt. De lamentis vero expressa verbis sunt: 'mulieres genas ne radunto neve lessum funeris ergo habento.'

De sepulcris autem nihil est apud Solonem amplius quam 'ne quis ea deleat neve alienum inferat', poenaque est, 'si quis bustum' — nam id puto appellari t . . . mbon — 'aut

monimentum' inquit 'aut columnam violarit deiecerit fregerit'.
Sed post aliquanto propter has amplitudines sepulcrorum, quas
in Ceramico videmus, lege sanctum est, 'ne quis sepulcrum
faceret operosius quam quod decem homines effecerint triduo';
neque id opere tectorio exornari nec hermas hos quos vocant
licebat inponi, nec de mortui laude nisi in publieis sepulturis,
nec ab alio nisi qui publice ad eam rem constitutus esset dici
licebat. Sublata etiam erat celebritas virorum ac mulierum, quo
lamentatio minueretur; auget enim luctum concursus hominum.
Quocirca Pittacus omnino accedere quemquam vetat in funus
aliorum. Sed ait rursus idem Demetrius increbruisse eam
funerum sepulcrorumque magnificentiam quae nunc fere
Romae est. Quam consuetudinem lege minuit ipse. Fuit enim
hic vir ut scitis non solum eruditissimus, sed etiam civis in re
publica maximus tuendaeque civitatis peritissimus. Is igitur
sumptum minuit non solum poena sed etiam tempore: ante
lucem enim iussit efferri. Sepulcris autem novis finivit modum;
nam super terrae tumulum noluit quidquam statui nisi
columellam tribus cubitis ne altiorem aut mensam aut labellum,
et huic procurationi certum magistratum praefecerat.
Haec igitur Athenienses tui. Sed videamus Platonem, qui iusta
funerum reicit ad interpretes religionum; quem nos morem
tenemus. De sepulcris autem dicit haec: vetat ex agro culto, eove
qui coli possit, ullam partem sumi sepulcro; sed quae natura
agri tantum modo efficere possit, ut mortuorum corpora sine
detrimento vivorum recipiat, ea potissimum ut conpleatur; quae
autem terra fruges ferre et ut mater cibos suppeditare possit,
eam ne quis nobis minuat neve vivos neve mortuos.
Extrui autem vetat sepulcrum altius, quam quod quinque
homines quinque diebus absolverint, nec e lapide excitari plus
nec inponi, quam quod capiat laudem mortui incisam ne plus
quattuor herois versibus, quos longos appellat Ennius.
Habemus igitur huius quoque auctoritatem de sepulcris summi
viri, a quo item funerum sumptus praefinitur ex censibus a
minis quinque usque ad minam. Deinceps dicit eadem illa de
inmortalitate animorum et reliqua post mortem tranquillitate
bonorum, poenis impiorum.
Habetis igitur explicatum omnem ut arbitror religionum locum.
Quintus: Nos vero frater, et copiose quidem; sed perge cetera.

Marcus: Pergam equidem, et quoniam libitum est vobis me ad haec inpellere, hodierno sermone conficiam, spero, hoc praesertim die; video enim Platonem idem fecisse, omnemque orationem eius de legibus peroratam esse uno aestivo die. Sic igitur faciam, et dicam de magistratibus. Id enim est profecto quod constituta religione rem publieam contineat maxime.
Atticus : Tu vero dic et istam rationem quam coepisti tene.

LIBER TERTIVS

Marcus: Sequar igitur ut institui divinum illum virum quem nimia quadam admiratione commotus saepius fortasse laudo quam necesse est.
Atticus: Platonem videlicet dicis.
Marcus: Istum ipsum Attice.
Atticus: Tu vero eum nec nimis valde umquam nec nimis saepe laudaveris. Nam hoc mihi etiam nostri illi, qui neminem nisi suum laudari volunt, concedunt, ut eum arbitratu meo diligam.
Marcus: Bene hercle faciunt. Quid enim est elegantia tua dignius? Cuius et vita et oratio consecuta mihi videtur difficillimam illam societatem gravitatis cum humanitate.
Atticus: Sane gaudeo quod te interpellavi, quoniam quidem tam praeclarum mihi dedisti iudicii tui testimonium. Sed perge ut coeperas.
Marcus: Laudemus igitur prius legem ipsam veris et propriis generis sui laudibus?
Atticus: Sane quidem, sicut de religionum lege fecisti.
Marcus: Videtis igitur magistratus hanc esse vim ut praesit praescribatque recta et utilia et coniuncta cum legibus. Ut enim magistratibus leges, ita populo praesunt magistratus, vereque dici potest, magistratum esse legem loquentem, legem autem mutum magistratum.

Nihil porro tam aptum est ad ius condicionemque naturae — quod quom dico, legem a me dici intellegi volo — quam imperium, sine quo nec domus ulla nec civitas nec gens nec hominum universum genus stare, nec rerum natura omnis nec ipse mundus potest. Nam et hic deo paret, et huic oboediunt maria terraeque, et hominum vita iussis supremae legis obtemperat.

Atque ut ad haec citeriora veniam et notiora nobis: omnes antiquae gentes regibus quondam paruerunt. Quod genus imperii primum ad homines iustissimos et sapientissimos deferebatur — idque et in re publica nostra maxime valuit, quoad ei regalis potestas praefuit —, deinde etiam deinceps posteris prodebatur, quo et in iis qui etiam nunc regnantur manet. Quibus autem regia potestas non placuit, non ii nemini, sed non semper uni parere voluerunt. Nos autem quoniam leges damus liberis populis, quaeque de optima re publica sentiremus, in sex libris ante diximus, accommodabimus hoc tempore leges ad illum quem probamus civitatis statum.
 Magistratibus igitur opus est, sine quorum prudentia ac diligentia esse civitas non potest, quorumque discriptione omnis rei publicae moderatio continetur. Neque solum iis praescribendus est imperandi, sed etiam civibus obtemperandi modus. Nam et qui bene imperat, paruerit aliquando necesse est, et qui modeste paret, videtur qui aliquando imperet dignus esse. Itaque oportet et eum qui paret sperare, se aliquo tempore imperaturum, et illum qui imperat cogitare, brevi tempore sibi esse parendum. Nec vero solum ut obtemperent oboediantque magistratibus, sed etiam ut eos colant diligantque praescribimus, ut Charondas in suis facit legibus, noster vero Plato Titanum e genere esse statuit eos qui ut illi caelestibus, sic hi adversentur magistratibus. Quae cum ita sint ad ipsas iam leges veniamus si placet.
Atticus: Mihi vero et istud et ordo iste rerum placet.
Marcus: 'Justa imperia sunto, isque cives modeste ac sine recusatione parento. Magistratus nec oboedientem et innoxium civem multa vinculis verberibusve coherceto, ni par maiorve potestas populusve prohibessit, ad quos provocatio esto. Cum magistratus iudicassit inrogassitve, per populum multae poenae certatio esto. Militiae ab eo qui imperabit provocatio nec esto, quodque is qui bellum geret imperassit, ius ratumque esto.'
'Minoris magistratus partiti iuris ploeres in ploera sunto. Militiae quibus iussi erunt imperanto eorumque tribuni sunto. Domi pecuniam publicam custodiunto, vincula sontium servanto, capitalia vindicanto, aes argentum aurumve publice signanto, litis contractas iudicanto, quod quodcumque senatus creverit agunto.'

'Suntoque aediles curatores urbis annonae ludorumque sollemnium, ollisque ad honoris amplioris gradum is primus ascensus esto.'

'Censoris populi aevitates suboles familias pecuniasque censento, urbis templa vias aquas aerarium vectigalia tuento, populique partis in tribus discribunto, exin pecunias aevitatis ordinis partiunto, equitum peditumque prolem discribunto, caelibes esse prohibento, mores populi regunto, probrum in senatu ne relinquonto. Bini sunto, magistratum quinquennium habento eaque potestas semper esto, reliqui magistratus annui sunto.'

'Iuris disceptator, qui privata iudicet iudicarive iubeat, praetor esto. Is iuris civilis custos esto. Huic potestate pari quotcumque senatus creverit populusve iusserit, tot sunto.'

'Regio imperio duo sunto, iique a praeeundo iudicando consulendo praetores iudices consules appellamino. Militiae summum ius habento, nemini parento. Ollis salus populi suprema lex esto.'

'Eundem magistratum, ni interfuerint decem anni, ne quis capito. Aevitatem annali lege servanto.'

'Ast quando duellum gravius discordiaeve civium escunt, oenus ne amplius sex menses, si senatus creverit, idem iuris quod duo consules teneto, isque ave sinistra dictus populi magister esto. Equitatumque qui regat habeto pari iure cum eo quicumque erit iuris disceptator. Reliqui magistratus ne sunto.'

'Ast quando consules magisterve populi nec erunt, auspicia patrum sunto, ollique ec se produnto qui comitiatu creare consules rite possit.'

'Imperia potestates legationes, cum senatus creverit populusve jusserit, ex urbe exeunto, duella iusta iuste gerunto, sociis parcunto, se et suos continento, populi sui gloriam augento, domum cum laude redeunto.'

'Rei suae ergo ne quis legatus esto.'

'Plebes quos pro se contra vim auxilii ergo decem creassit, ei tribuni eius sunto, quodque ei prohibessint quodque plebem rogassint, ratum esto; sanctique sunto; neve plebem orbam tribunis relinquunto.'

'Omnes magistratus auspicium iudiciumque habento, exque is senatus esto. Eius decreta rata sunto. At potestas par maiorve prohibessit, perscripta servanto.'

'Is ordo vitio vacato, ceteris specimen esto.'

'Creatio magistratuum, iudicia populi, iussa vetita cum cosciscentur, suffragia optumatibus nota, plebi libera sunto.'

'Ast quid erit quod extra magistratus coerari oesus sit, qui coeret populus creato eique ius coerandi dato.

'Cum populo patribusque agendi ius esto consuli praetori magistro populi equitumque, eique quem patres prodent consulum rogandorum ergo; tribunisque quos sibi plebes creassit ius esto cum patribus agendi; idem ad plebem quod oesus erit ferunto.'

'Quae cum populo quaeque in patribus agentur, modica sunto.'

'Senatori qui nec aderit aut causa aut culpa esto. Loco senator et modo orato, causas populi teneto.'

'Vis in populo abesto. Par maiorve potestas plus valeto. Ast quid turbassitur in agendo, fraus actoris esto. Intercessor rei malae salutaris civis esto.'

'Qui agent auspicia servanto, auguri publico parento, promulgata proposita in aerario Ü cognita agunto; nec plus quam de singulis rebus semel consulunto; rem populum docento, doceri a magistratibus privatisque patiunto.'

'Privilegia ne inroganto. De capite civis nisi per maximum comitiatum ollosque quos censores in partibus populi locassint ne ferunto.'

'Donum ne capiunto neve danto neve petenda neve gerenda neve gesta potestate. Quod quis earum rerum migrassit, noxiae poena par esto.'

Cesoris fidem legum custodiunto. Privati ad eos acta referunto, nec eo magis lege liberi sunto.ë

Lex recitata est: discedere et tabellam iubebo dari.

Quintus: Quam brevi frater in conspectu posita est a te omnium magistratuum discriptio, sed ea paene nostrae civitatis, etsi a te paulum adlatum est novi.

Marcus: Rectissime Quinte animadvertis. Haec est enim quam Scipio laudat in illis libris et quam maxime probat temperationem rei publicae, quae effici non potuisset nisi tali discriptione magistratuum. Nam sic habetote, magistratibus iisque qui praesint contineri rem publicam, et ex eorum conpositione quod cuiusque rei publicae genus sit intellegi.

Quae res cum sapientissime moderatissimeque constituta esset a maioribus nostris, nihil habui sane aut non multum quod putarem novandum in legibus.

Atticus: Reddes igitur nobis, ut in religionis lege fecisti admonitu et rogatu meo, sic de magistratibus, ut disputes, quibus de causis maxime placeat ista discriptio.

Marcus: Faciam Attice ut vis, et locum istum totum, ut a doctissimis Graeciae quaesitum et disputatum est, explicabo, et ut institui nostra iura attingam.

Atticus: Istud maxime exspecto disserendi genus.

Marcus: Atqui pleraque sunt dicta in illis libris, quod faciendum fuit quom de optuma re publica quaereretur. Sed huius loci de magistratibus sunt propria quaedam, a Theophrasto primum, deinde a Diogene Stoico quaesita subtilius.

Atticus: Ain tandem? Etiam a Stoicis ista tractata sunt?

Marcus: Non sane nisi ab eo quem modo nominavi, et postea a magno homine et in primis erudito Panaetio. Nam veteres verbo tenus acute illi quidem, sed non ad hunc usum popularem atque civilem, de re publica disserebant. Ab Academia magis ista manarunt Platone principe. Post Aristoteles inlustravit omnem hunc civilem in disputando locum, Heraclidesque Ponticus profectus ab eodem Platone. Theophrastus vero institutus ab Aristotele habitavit ut scitis in eo genere rerum, ab eodemque Aristotele doctus Dicaearchus huic rationi studioque non defuit. Post a Theophrasto Phalereus ille Demetrius, de quo feci supra mentionem, mirabiliter doctrinam ex umbraculis eruditorum otioque non modo in solem atque in pulverem, sed in ipsum discrimen aciemque produxit. Nam et mediocriter doctos magnos in re publica viros, et doctissimos homines non nimis in re publica versatos multos commemorare possumus: qui vero utraque re excelleret, ut et doctrinae studiis et regenda civitate princeps esset, quis facile praeter hunc inveniri potest?

Atticus: Puto posse, et quidem aliquem de tribus nobis. Sed perge ut coeperas.

Marcus:: Quaesitum igitur ab illis est, placeretne unum in civitate esse magistratum cui reliqui parerent. Quod exactis regibus intellego placuisse nostris maioribus. Sed quoniam regale civitatis genus, probatum quondam, postea non tam regni quam regis vitiis repudiatum est, nomen tantum videbitur regis repudiatum, res manebit si unus omnibus reliquis magistratibus imperabit.

Quare nec ephori Lacedaemone sine causa a Theopompo oppositi regibus, nec apud nos consulibus tribuni. Nam illud quidem ipsum quod in iure positum est habet consul, ut ei reliqui magistratus omnes pareant, excepto tribuno, qui post exstitit ne id quod fuerat esset. Hoc enim primum minuit consulare ius, quod exstitit ipse qui eo non teneretur, deinde quod attulit auxilium reliquis non modo magistratibus, sed etiam privatis consuli non parentibus.

Quintus: Magnum dicis malum. Nam ista potestate nata gravitas optimatium cecidit, convaluitque vis multitudinis.

Marcus: Non est Quinte ita. Non ius enim illud solum superbius populo, sed et violentius videri necesse erat. Quo posteaquam modica et sapiens temperatio accessit.

'Domum cum laude redeunto.' Nihil enim praeter laudem bonis atque innocentibus neque ex hostibus neque a sociis reortandum.

Iam illud apertum est profecto nihil esse turpius quam quemquam legari nisi rei publicae causa. Omitto quem ad modum isti se gerant atque gesserint, qui legatione hereditates aut syngraphas suas persecuntur. In hominibus est hoc fortasse vitium. Sed quaero quid reapse sit turpius, quam sine procuratione senator legatus, sine mandatis, sine ullo rei publicae munere? Quod quidem genus legationis ego consul, quamquam ad commodum senatus pertinere videbatur, tamen adprobante senatu frequentissimo, nisi mihi levis tribunus plebis tum intercessisset, sustulissem. Minui tamen tempus, et quod erat infinitum, annuum feci. Ita turpitudo manet, diutunitate sublata. Sed iam si placet de provinciis decedatur, in urbemque redeatur.

Atticus: Nobis vero placet, sed iis qui in provinciis sunt minime placet.

Marcus: At vero Tite si parebunt his legibus, nihil erit iis urbe, nihil domo sua dulcius, nec laboriosius molestiusque provincia. Sed sequitur lex quae sancit eam tribunorum plebis potestatem, quae est in re publica nostra. De qua disseri nihil necesse est.

Quintus: At mehercule ego frater quaero, de ista potestate quid sentias. Nam mihi quidem pestifera videtur, quippe quae in seditione et ad seditionem nata sit. Cuius primum ortum si recordari volumus, inter arma civium et occupatis et obsessis urbis locis procreatum videmus. Deinde quom esset cito necatus tamquam ex XII tabulis insignis ad deformitatem puer, brevi tempore nescio quo pacto recreatus multoque taetrior et foedior natus est. Quae enim ille non edidit? Qui primum, ut inpio dignum fuit, patribus omnem honorem eripuit, omnia infima summis paria fecit, turbavit, miscuit. Cum adflixisset prineipum gravitatem, numquam tamen conquievit.

Namque ut C. Flaminium atque ea quae iam prisca videntur propter vetustatem relinquam, quid iuris bonis viris Tiberi Gracchi tribunatus reliquit? Etsi quinquennio ante Decimum Brutum et P. Scipionem consules — quos et quantos viros! — homo omnium infimus et sordidissimus tribunus plebis C. Curiatius in vincula coniecit, quod ante factum non erat. C. vero Gracchi tribunatus sicis quas ipse se proiecisse in forum dixit, quibus digladiarentur inter se cives, nonne omnem rei publicae statum perturbavit? Quid iam de Saturnino, Sulpicio, reliquis dicam? Quos ne depellere quidem a se sine ferro potuit res publica.

Cur autem aut vetera aut aliena proferam potius quam et nostra et recentia? Quis, inquam, tam audax, tam nobis inimicus fuisset, ut cogitaret umquam de statu nostro labefactando, nisi mucronem aliquem tribunicium exacuisset in nos? Quem quom homines scelerati ac perditi non modo ulla in domo, sed nulla in gente reperirent, gentis sibi in tenebris rei publicae perturbandas putaverunt. Quod nobis quidem egregium et ad inmortalitatem memoriae gloriosum, neminem in nos mercede ulla tribunum potuisse reperiri, nisi cui ne esse quidem licuisset tribuno.

Sed ille quas strages edidit! Eas videlicet quas sine ratione ac sine ulla spe bona furor edere potuit inpurae beluae, multorum inflammatus furoribus. Quam ob rem in ista quidem re vehementer Sullam probo, qui tribunis plebis sua lege iniuriae faciendae potestatem ademerit, auxilii ferendi reliquerit, Pompeiumque nostrum in ceteris rebus omnibus semper amplissimis summisque ecfero laudibus, de tribunicia potestate taceo. Nec enim reprehendere libct, nec laudare possum.

Marcus: Vitia quidem tribunatus praeclare Quinte perspicis, sed est iniqua in omni re accusanda praetermissis bonis malorum enumeratio vitiorumque selectio. Nam isto quidem modo vel consulatus vituperari potest, si consulum quos enumerare nolo peccata collegeris. Ego enim fateor in ista ipsa potestate inesse quiddam mali, sed bonum, quod est quaesitum in ea, sine isto malo non haberemus. 'Nimia potestas est tribunorum plebis.' Quis negat? Sed vis populi multo saevior multoque vehementior, quae ducem quom habet interdum lenior est, quam si nullum haberet. Dux enim suo se periculo progredi cogitat, populi impetus periculi rationem sui non habet. 'At aliquando incenditur.' Et quidem saepe sedatur. Quod enim est tam desperatum collegium, in quo nemo e decem sana mente sit? Quin ipsum Ti. Gracchum non solum neglectus sed etiam sublatus intercessor evertit. Quid enim illum aliud perculit, nisi quod potestatem intercedenti collegae abrogavit? Sed tu sapientiam maiorum in illo vide: concessa plebei a patribus ista potestate arma ceciderunt, restincta seditio est, inventum est temperamentum, quo tenuiores cum principibus aequari se putarent, in quo uno fuit civitatis salus. 'At duo Gracchi fuerunt.' Et praeter eos quamvis enumeres multos licet, cum deni creentur, nonnullos in omni memoria reperies perniciosos tribunos, leves etiam, non bonos, fortasse plures: invidia quidem summus ordo caret, plebes de suo iure periculosas contentione nullas facit.

Quam ob rem aut exigendi reges non fuerunt, aut plebi re, non verbo, danda libertas. Quae tamen sic data est, ut multis institutis praeclarissimis adduceretur, ut auctoritati principum cederet.

Nostra autem causa quae, optume et dulcissume frater, incidit in tribuniciam potestatem, nihil habuit contentionis cum tribunatu. Non enim plebes incitata nostris rebus invidit, sed vincula soluta sunt et servitia concitata, adiuncto terrore etiam militari. Neque nobis cum illa tum peste certamen fuit, sed cum gravissimo rei publicae tempore, cui si non cessissem, non diuturnum beneficii mei patria fructum tulisset. Atque haec rerum exitus indicavit: quis enim non modo liber, sed etiam servus libertate dignus fuit, cui nostra salus cara non esset?

Quodsi is casus fuisset rerum quas pro salute rei publicae gessimus, ut non omnibus gratus esset, et si nos multitudinis furentis inflammata invidia pepulisset, tribuniciaque vis in me populum, sicut Gracchus in Laenatem, Saturninus in Metellum incitasset, ferremus o Quinte frater, consolarenturque nos non tam philosophi qui Athenis fuerunt — qui hoc facere debebant —, quam clarissimi vin qui illa urbe pulsi carere ingrata civitate quam manere in improba maluerunt. Pompeium vero quod una ista in re non ita valde probas, vix satis mihi illud videris attendere, non solum ei quid esset optimum videndum fuisse, sed etiam quid necessarium. Sensit enim deberi non posse huic civitati illam potestatem: quippe quam tanto opere populus noster ignotam expetisset, qui posset carere cognita? Sapientis autem civis fuit, causam nec perniciosam et ita popularem ut non posset obsisti, perniciose populari civi non relinquere. — Scis solere frater in huius modi sermone, ut transiri alio possit, dici 'admodum' aut 'prorsus ita est.'

Quintus: Haud equidem adsentior. Tu tamen ad reliqua pergas velim.

Marcus: Perseveras tu quidem et in tua vetere sententia permanes.

Atticus: Nec mehercule ego sane a Quinto nostro dissentio. Sed ea quae restant audiamus.

Marcus: Deinceps igitur omnibus magistratibus auspicia et iudicia dantur: iudicia ita ut esset populi potestas ad quam provocaretur, auspicia ut multos inutiles comitiatus probabiles inpedirent morae. Saepe enim populi impetum iniustum auspiciis di immortales represserunt. Ex iis autem qui magistratum ceperunt quod senatus efficitur, populare est sane neminem in summum locum nisi per populum venire, sublata cooptatione censoria. Sed praesto est huius viti temperatio, quod senatus lege nostra confirmatur auctoritas.
 Sequitur enim: 'Eius decreta rata sunto.' Nam ita se res habet, ut si senatus dominus sit publici consilii, quodque is creverit defendant omnes, et si ordines reliqui principis ordinis consilio rem publicam gubernari velint, possit ex temperatione iuris, cum potestas in populo, auctoritas in senatu sit, teneri ille moderatus et concors civitatis status, praesertim si proximae legi parebitur; nam proximum est: 'Is ordo vitio careto, ceteris specimen esto.'

Quintus: Praeclara vero frater ista lex, sed et late patet ut vitio careat ordo, et censorem quaerit interpretem.

Atticus: Ille vero etsi tuus est totus ordo, gratissimamque memoriam retinet consulatus tui, pace tua dixerim: non modo censores sed etiam iudices omnes potest defatigare.

Marcus: Omitte ista Attice! Non enim de hoc senatu nec his de hominibus qui nunc sunt, sed de futuris, si qui forte his legibus parere voluerint, haec habetur oratio. Nam cum omni vitio carere lex iubeat, ne veniet quidem in eum ordinem quisquam vitii particeps. Id autem difficile factu est nisi educatione quadam et disciplina; de qua dicemus aliquid fortasse, si quid fuerit loci aut temporis.

Atticus: Locus certe non derit, quoniam tenes ordinem legum; tempus vero largitur longitudo diei. Ego autem, etiam si praeterieris, repetam a te istum de educatione et de disciplina locum.

Marcus: Tu vero et istum Attice, et si quem alium praeteriero. 'Ceteris specimen esto.' Quod si tenemus, tenemus omnia. Ut enim cupiditatibus principum et vitiis infici solet tota civitas, sic emendari et corrigi continentia. vir magnus et nobis omnibus amicus L. Lucullus ferebatur, quasi commodissime respondisset, cum esset obiecta magnificentia villae Tusculanae, duo se habere vicinos, superiorem equitem Romanum, inferiorem libertinum: quorum cum essent magnificae villae, concedi sibi oportere quod iis qui inferioris ordinis essent liceret. Non vides Luculle a te id ipsum natum ut illi cuperent quibus id si tu non faceres non liceret?

Quis enim ferret istos, cum videret eorum villas signis et tabulis refertas, partim publicis, partim etiam sacris et religiosis, quis non frangeret eorum libidines, nisi illi ipsi qui eas frangere deberent cupiditatis eiusdem tenerentur?

Nec enim tantum mali est peccare principes, quamquam est magnum hoc per se ipsum malum, quantum illud quod permulti imitatores principum existunt. Nam licet videre, si velis replicare memoriam temporum, qualescumquc summi civitatis viri fuerint, talem civitatem fuisse; quaecumque mutatio morum in principibus extiterit, eandem in populo secutam.

Idque haud paulo est verius, quam quod Platoni nostro placet. Qui musicorum cantibus ait mutatis mutari civitatum status:

ego autem nobilium vita victuque mutato mores mutari civitatum puto. Quo perniciosius de re publica merentur vitiosi principes, quod non solum vitia concipiunt ipsi, sed ea infundunt in civitatem, neque solum obsunt quod ipsi corrumpuntur, sed etiam quod corrumpunt, plusque exemplo quam peccato nocent. Atque haec lex, dilatata in ordinem cunctum, coangustari etiam potest: pauci enim atque admodum pauci honore et gloria amplificati vel corrumpere mores civitatis vel corrigere possunt. Sed haec et nunc satis, et in illis libris tractata sunt diligentius. Quare ad reliqua veniamus. Proximum autem est de suifragiis, quae iubeo nota esse optimatibus, populo libera.

Atticus: Ita mehereule attendi, nec satis intellexi quid sibi lex aut quid verba ista vellent.

Marcus: Dicam Tite et versabor in re difficili ac multum et saepe quaesita, suffragia in magistratu mandando ac de reo iudicando sciscendaque in lege aut rogatione clam an palam ferri melius esset.

Quintus: An etiam id dubium est? Vereor ne a te rursus dissentiam.

Marcus: Non facies Quinte. Nam ego in ista sum sententia qua te fuisse semper scio, nihil ut fuerit in suffragiis voce melius; sed optineri an possit videndum est.

Quintus: Atqui frater bona tua venia dixerim, ista sententia maxime et fallit imperitos, et obest saepissime rei publicae, cum aliquid verum et rectum esse dicitur, sed optineri id est obsisti posse populo negatur. Primum enim obsistitur cum agitur severe, deinde vi opprimi in bona causa est melius quam malae cedere. Quis autem non sentit omnem auctoritatem optimatium tabellariam legem abstulisse? Quam populus liber numquam desideravit, idem oppressus dominatu ac potentia principum flagitavit. Itaque graviora iudicia de potentissimis hominibus extant vocis quam tabellae. Quam ob rem suffragandi nimia libido in non bonis causis eripienda fuit potentibus, non latebra danda populo, in qua bonis ignorantibus quid quisque sentiret, tabella vitiosum occultaret suffragium. Itaque isti rationi neque lator quisquam est inventus nec auctor umquam bonus. Sunt enim quattuor leges tabellariae, quarum prima de magistratibus mandandis: ea est Gabinia, lata ab homine ignoto et sordido. Secuta biennio post Cassia est de populi iudiciis, a nobili homine lata L. Cassio, sed, pace familiae dixerim, dissidente a bonis atque omnis rumusculos populari ratione aucupante. Carbonis est tertia de iubendis legibus ac vetandis, seditiosi atque inprobi civis, cui ne reditus quidem ad bonos salutem a bonis potuit adferre.

Uno in genere relinqui videbatur vocis suffragium, quod ipse Cassius exceperat, perduellionis. Dedit huic quoque iudicio C. Coelius tabellam, doluitque quoad vixit se ut opprimeret C. Popillium nocuisse rei publicae. Et avus quidem noster singulari virtute in hoc municipio quoad vixit restitit M.Gratidio cuius in matrimonio sororem aviam nostram habebat, ferenti legem tabellariam. Excitabat enim fluctus in simpulo ut dicitur Gratidius, quos post filius eius Marius in Aegaeo excitavit mari. Ac nostro quidem avo, cum res esset ad se delata, M. Scaurus consul: 'Utinam' inquit 'M. Cicero isto animo atque virtute in summa re publica nobiscum versari quam in municipali maluisses!'

Quam ob rem, quoniam non recognoscimus nunc leges populi Romani, sed aut repetimus ereptas aut novas scribimus, non quid hoc populo optineri possit, sed quid optimum sit tibi dicendum puto. Nam Cassiae legis culpam Scipio tuus sustinet, quo auctore lata esse dicitur; tu si tabellariam tuleris, ipse praestabis. Nec enim mihi placet nec Attico nostro quantum e vultu eius intellego.

Atticus: Mihi vero nihil umquam populare placuit, eamque optimam rem publicam esse dico, quam hic consul constituerat, quae sit in potestate optimorum.

Marcus: Vos quidem ut video legem antiquastis sine tabella. Sed ego, etsi satis dixit pro se in illis libris Scipio, tamen ita libertatem istam largior populo, ut auctoritate et valeant et utantur boni. Sic enim a me recitata lex est de suffragiis: 'Optimatibus nota, plebi libera sunto.' Quae lex hanc sententiam continet, ut omnes leges tollat quae postea latae sunt quae tegunt omni ratione suffragium, ne quis inspiciat tabellam, ne roget, ne appellet. Pontes etiam lex Maria fecit angustos.

Quae si opposita sunt ambitiosis, ut sunt fere, non reprehendo; si non valuerint tamen leges ut ne sit ambitus, habeat sane populus tabellam quasi vindicem libertatis, dummodo haec optimo cuique et gravissimo civi ostendatur ultroque offeratur, ut in eo sit ipso libertas in quod populo potestas honeste bonis gratificandi datur. Eoque nunc fit illud quod a te modo Quinte dictum est, ut minus multos tabella condemnet, quam solebat vox, quia populo licere satis est: hoc retento reliqua voluntas auctoritati aut gratiae traditur. Itaque, ut omittam largitione corrupta suffragia, non vides, si quando ambitus sileat, quaeri in suifragiis quid optimi viri sentiant? Quam ob rem lege nostra libertatis species datur, auctoritas bonorum retinetur, contentionis causa tollitur.

Deinde sequitur, quibus ius sit cum populo agendi aut cum senatu. Tum gravis et ut arbitror praeclara lex: 'Quae cum populo quaeque in patribus agentur, modica sunto', id est modesta atque sedata. Actor enim moderatur et fingit non modo mentes ac voluntates, sed paene vultus eorum apud quos agit. Quod nisi in senatu non difficile; est enim ipse senator is cuius non ad actorem referatur animus, sed qui per se ipse spectari velit. Huic iussa tria sunt: ut adsit, nam gravitatem res habet, cum frequens ordo est; ut loco dicat, id est rogatus; ut modo, ne sit infinitus. Nam brevitas non modo senatoris sed etiam oratoris magna laus est in sententia, nec est umquam longa oratione utendum − quod fit ambitione saepissime −, nisi aut peccante senatu nullo magistratu adiuvante tolli diem utile est, aut cum tanta causa est ut opus sit oratoris copia vel ad hortandum vel ad docendum; quorum generum in utroque magnus noster Cato est.

 Quodque addit 'causas populi teneto, est senatori necessarium nosse rem publicam − idque late patet: quid habeat militum, quid valeat aerario, quos socios res publica habeat, quos amicos, quos stipendiarios, qua quisque sit lege, condicione, foedere −, tenere consuetudinem decernendi, nosse exempla maiorum. Videtis iam genus hoc omne scientiae, diligentiae, memoriae, sine quo paratus esse senator nullo pacto potest.

 Deinceps sunt cum populo actiones, in quibus primum et maximum , vis abesto'. Nihil est enim exitiosius civitatibus, nihil tam contrarium iuri ac legibus, nihil minus civile et inhumanius, quam composita et constituta re publica quicquam agi per vim. Parere iubet intercessori, quo nihil praestabilius: impediri enim bonam rem melius quam concedi malae.

Quod vero actoris iubeo esse fraudem, id totum dixi ex Crassi sapientissimi hominis sententia, quem est senatus secutus, cum decrevisset C. Claudio consule de Cn. Carbonis seditione referente, invito eo qui cum populo ageret seditionem non posse fieri, quippe cui liceat concilium, simul atque intercessum turbarique coeptum sit, dimittere. Quod qui agere perget cum agi nihil potest, vim quaerit, cuius inpunitatem amittit hac lege. Sequitur illud 'intecessor rei malae salutaris civis esto'. Quis non studiose rei publicae subvenerit hac tam praeclara legis voce laudatus?

Sunt deinde posita deinceps quae habemus etiam in publicis institutis atque legibus: 'Auspicia servanto, auguri publico parento.' est autem boni auguris meminisse se maximis rei publicae temporibus praesto esse debere, Iovique optimo maximo se consiliarium atque administrum datum, ut sibi eos quos in auspicio esse iusserit, caelique partes sibi definitas esse traditas, e quibus saepe opem rei publicae ferre possit. Deinde de promulgatione, de singulis rebus agendis, de privatis magistratibusve audiendis.

Tum leges praeclarissimae de duodecim tabulis tralatae duae, quarum altera privilegia tollit, altera de capite civis rogari nisi maximo comitiatu vetat. Et nondum inventis seditiosis tribunis plebis, ne cogitatis quidem, admirandum tantum maioris in posterum providisse. In privatos homines leges ferri noluerunt, id est enim privilegium: quo quid est iniustius, cum legis haec vis sit, ut sit scitum et iussum in omnis? Ferri de singulis nisi centuriatis comitiis noluerunt. Discriptus enim populus censu ordinibus aetatibus plus adhibet ad suffragium consilii quam fuse in tribus convocatus.

Quo verius in causa nostra vir magni ingenii summaque prudentia L. Cotta dicebat, nihil omnino actum esse de nobis. Praeter enim quam quod comitia illa essent armis gesta servilibus, praeterea neque tributa capitis comitia rata esse posse neque ulla privilegii. Quocirca nihil nobis opus esse lege, de quibus nihil omnino actum esset legibus. Sed visum est et vobis et clarissimis viris melius, de quo servi et latrones scivisse se aliquid dicerent, de hoc eodem cunctam Italiam quid sentiret ostendere.

Sequitur de captis pecuniis et de ambitu. Leges quae cum magis iudiciis quam legum verbis sancienda sint, adiungitur 'noxiae poena par esto', ut in suo vitio quisque plectatur, vis capite, avaritia multa, honoris cupiditas ignominia sanciatur.

Extremae leges sunt nobis non usitatae, rei publicae necessariae. Legum custodiam nullam habemus, itaque eae leges sunt quas apparitores nostri volunt: a librariis petimus, publicis litteris consignatam memoriam publicam nullam habemus. Graeci hoc diligentius, apud quos *nomofulakoi* creabantur, nec ei solum litteras — nam id quidem etiam apud maiores nostros erat —, sed etiam facta hominum observabant ad legesque revocabant.

Haec detur cura censoribus, quando quidem eos in re publica semper volumus esse. Apud eosdem qui magistratu abierint edant et exponant, quid in magistratu gesserint, deque iis censores praeiudicent. Hoc in Graecia fit publice constitutis accusatoribus, qui quidem graves esse non possunt, nisi sunt voluntarii. Quocirca melius rationes referri causamque exponi censoribus, integram tamen legi accusatori iudicioque servari. Sed satis iam disputatum est de magistratibus, nisi forte quid desideratis.

Atticus: Quid? Si nos tacemus, locus ipse te non admonet, quid tibi sit deinde dicendum?

Marcus: Mihine? De iudiciis arbitror Pomponi; id est enim iunctum magistratibus.

Atticus: Quid? De iure populi Romani, quem ad modum instituisti, dicendum nihil putas?

Marcus:: Quid tandem hoc loco est quod requiras?

Atticus: Egone? Quod ignorari ab iis qui in re publica versantur turpissimum puto. Nam ut modo a te dictum est leges a librariis peti, sic animadverto plerosque in magistratibus ignoratione iuris sui tantum sapere quantum apparitores velint. Quam ob rem si de sacrorum alienatione dicendum putasti, quom de religione leges proposueras, faciendum tibi est ut magistratibus lege constitutis de potestatum iure disputes.

Marcus: Faciam breviter si consequi potuero. Nam pluribus verbis scripsit ad patrem tuum M. Iunius sodalis, perite meo quidem iudicio et diligenter. Nos autem de iure naturae cogitare per nos atque dicere debemus, de iure populi Romani quae relicta sunt et tradita.

Atticus: Sic prorsum censeo, et id ipsum quod dicis exspecto.

Impetu liberavissent, nec C. Duelius A. Atilius L. Metellus
terrore Karthaginis, non duo Scipiones oriens incendium belli
Punici secundi sanguine suo restinxissent, nec id excitatum
maioribus copiis aut Q. Maximus enervavisset, aut M. Marcellus
contudisset, aut a portis huius urbis avolsum P. Africanus
compulisset intra hostium moenia. M. vero Catoni homini
ignoto et novo, quo omnes qui isdem rebus studemus quasi
exemplari ad industriam virtutemque ducimur, certe licuit
Tusculi se in otio delectare, salubri et propinquo loco. sed homo
demens ut isti putant, cum cogeret eum necessitas nulla, in his
undis et tempestatibus ad summam senectutem maluit iactari,
quam in illa tranquillitate atque otio iucundissime vivere.
omitto innumerabilis viros, quorum singuli saluti huic civitati
fuerunt, et qui sunt haut procul ab aetatis huius; memoria,
commemorare eos desino, ne quis se aut suorum aliquem
praetermissum queratur. unum hoc definio, tantam esse
necessitatem virtutis generi hominum a natura tantumque
amorem ad communem salutem defendendam datum, ut ea vis
omnia blandimenta voluptatis otique vicerit.
Nec vero habere virtutem satis est quasi artem aliquam nisi
utare; etsi ars quidem cum ea non utare scientia tamen ipsa
teneri potest, virtus in usu sui tota posita est; usus autem eius
est maximus civitatis gubernatio, et earum ipsarum rerum quas
isti in angulis personant, reapse non oratione perfectio. nihil
enim dicitur a philosophis, quod quidem recte honesteque
dicatur, quod non ab iis partum confirmatumque sit, a quibus
civitatibus iura discripta sunt. unde enim pietas, aut a quibus
religio? unde ius aut gentium aut hoc ipsum civile quod dicitur?
unde iustitia fides aequitas? unde pudor continentia fuga
turpitudinis adpetentia laudis et honestatis? unde in laboribus
et periculis fortitudo? nempe ab iis qui haec disciplinis
informata alia moribus confirmarunt, sanxerunt autem alia
legibus. quin etiam Xenocraten ferunt, nobilem in primis

philosophum, cum quaereretur ex eo quid adsequerentur eius discipuli, respondisse ut id sua sponte facerent quod cogerentur facere legibus. ergo ille, civis qui id cogit omnis imperio legumque poena, quod vix paucis persuadere oratione philosophi possunt, etiam iis qui illa disputant ipsis est praeferendus doctoribus. quae est enim istorum oratio tam exquisita, quae sit anteponenda bene constitutae civitati publico iure et moribus? equidem quem ad modum 'urbes magnas atque inperiosas', ut appellat Ennius, viculis et castellis praeferendas puto, sic eos qui his urbibus consilio atque auctoritate praesunt, iis qui omnis negotii publici expertes sint, longe duco sapientia ipsa esse anteponendos. et quoniam maxime rapimur ad opes augendas generis humani, studemusque nostris consiliis et laboribus tutiorem et opulentiorem vitam hominum reddere, et ad hanc voluptatem ipsius naturae stimulis incitamur, teneamus eum cursum qui semper fuit optimi cuiusque, neque ea signa audiamus quae receptui canunt, ut eos etiam revocent qui iam processerint. His rationibus tam certis tamque inlustribus opponuntur ab iis qui contra disputant primum labores qui sint re publica defendenda sustinendi, leve sane inpedimentum vigilanti et industrio, neque solum in tantis rebus sed etiam in mediocribus vel studiis vel officiis vel vero etiam negotiis contemnendum. adiunguntur pericula vitae, turpisque ab his formido mortis fortibus viris opponitur, quibus magis id miserum videri solet, natura se consumi et senectute, quam sibi dari tempus ut possint eam vitam, quae tamen esset reddenda naturae, pro patria potissimum reddere. illo vero se loco copiosos et disertos putant, cum calamitates clarissimorum virorum iniuriasque iis ab ingratis inpositas civibus colligunt. hinc enim illa et apud Graecos exempla, Miltiadem victorem domitoremque Persarum, nondum sanatis volneribus iis quae corpore adverso in clarissima victoria accepisset, vitam ex hostium telis servatam in civium vinclis profudisse, et Themistoclem patria quam liberavisset pulsum atque proterritum, non in Graeciae portus per se servatos sed in barbariae sinus confugisse quam adflixerat, nec vero levitatis Atheniensium crudelitatisque in amplissimos civis exempla deficiunt. quae nata et frequentata apud illos etiam in gravissumam civitatem nostram dicunt redundasse; nam vel exilium Camilli vel offensio commemoratur Ahalae vel invidia Nasicae vel expulsio Laenatis vel Opimi damnatio vel fuga Metelli vel acerbissima C. Mari clades ... principum caedes, vel eorum multorum pestes quae paulo post secutae sunt. nec vero iam meo nomine abstinent, et credo quia nostro consilio ac periculo sese in illa vita atque otio conservatos putant, gravius etiam de nobis queruntur et amantius. sed haud facile dixerim, cur cum ipsi discendi aut visendi causa maria tramittant

*****

salvam esse consulatu abiens in contione populo Romano idem iurante iurassem, facile iniuriarum omnium compensarem curam et molestiam. quamquam nostri casus plus honoris habuerunt quam laboris, neque tantum molestiae quantum gloriae, maioremque laetitiam ex desiderio bonorum percepimus, quam ex laetitia inproborum dolorem. sed si aliter ut dixi accidisset, qui possem queri? cum mihi nihil inproviso nec gravius quam expectavissem pro tantis meis factis evenisset. is enim fueram, cui cum liceret aut maiores ex otio fructus capere quam ceteris propter variam suavitatem studiorum in quibus a pueritia vixeram, aut si quid accideret acerbius universis, non praecipuam sed parem cum ceteris fortunae condicionem subire, non dubitaverim me gravissimis tempestatibus ac paene fulminibus ipsis obvium ferre conservandorum civium causa, meisque propriis periculis parere commune reliquis otium. neque enim hac nos patria lege genuit aut educavit, ut nulla quasi alimenta exspectaret a nobis, ac tantummodo nostris ipsa commodis serviens tutum perfugium otio nostro suppeditaret et tranquillum ad quietem locum, sed ut plurimas et maximas nostri animi ingenii consilii partis ipsa sibi ad utilitatem suam pigneraretur, tantumque nobis in nostrum privatum usum quantum ipsi superesse posset remitteret.
Iam illa, perfugia quae sumunt sibi ad excusationem quo facilius otio perfruantur, certe minime sunt audienda, cum ita dicunt accedere ad rem publicam plerumque homines nulla re bona dignos, cum quibus comparari sordidum, confligere

autem multitudine praesertim incitata miserum et periculosum sit. quam ob rem neque sapientis esse accipere habenas cum insanos atque indomitos impetus volgi cohibere non possit, neque liberi cum inpuris atque inmanibus adversariis decertantem vel contumeliarum verbera subire, vel expectare sapienti non ferendas iniurias: proinde quasi bonis et fortibus et magno animo praeditis ulla sit ad rem publicam adeundi causa iustior, quam ne pareant inprobis, neve ab isdem lacerari rem publicam patiantur, cum ipsi auxilium ferre si cupiant non queant.

Illa autem exceptio cui probari tandem potest, quod negant sapientem suscepturum ullam rei publicae partem, extra quam si eum tempus et necessitas coegerit? quasi vero maior cuiquam necessitas accidere possit quam accidit nobis; in qua quid facere potuissem, nisi tum consul fuissem? consul autem esse qui potui, nisi eum vitae cursum tenuissem a pueritia, per quem equestri loco natus pervenirem ad honorem amplissimum? non igitur potestas est ex tempore aut cum velis opitulandi rei publicae, quamvis ea prematur periculis, nisi eo loco sis ut tibi id facere liceat. maximeque hoc in hominum doctorum oratione mihi mirum videri solet, quod qui tranquillo mari gubernare se negent posse, quod nec didicerint nec umquam scire curaverint, iidem ad gubernacula se accessuros profiteantur excitatis maximis fluctibus. isti enim palam dicere atque in eo multum etiam gloriari solent, se de rationibus rerum publicarum aut constituendarum aut tuendarum nihil nec didicisse umquam nec docere, earumque rerum scientiam non doctis hominibus ac sapientibus, sed in illo genere exercitatis concedendam putant. quare qui convenit polliceri operam suam rei publicae tum denique si necessitate cogantur? cum, quod est multo proclivius, nulla necessitate premente rem publicam regere nesciant. equidem, ut verum esset sua voluntate sapientem descendere ad rationes civitatis non solere, sin autem temporibus cogeretur, tum id munus denique non recusare, tamen arbitrarer hanc rerum civilium minime neglegendam scientiam sapienti propterea, quod omnia essent ei praeparanda, quibus nesciret an aliquando uti necesse esset.

Haec pluribus a me verbis dicta sunt ob eam causam, quod his libris erat instituta et suscepta mihi de re publica disputatio;

quae ne frustra haberetur, dubitationem ad rem publicam adeundi in primis debui tollere. ac tamen si qui sunt qui philosophorum auctoritate moveantur, dent operam parumper atque audiant eos quorum summa est auctoritas apud doctissimos homines et gloria; quos ego existimo, etiamsi qui ipsi rem publicam non gesserint, tamen quoniam de re publica multa quaesierint et scripserint, functos esse aliquo rei publicae munere. eos vero septem quos Graeci sapientis nominaverunt, omnis paene video in media re publica esse versatos. neque enim est ulla res in qua propius ad deorum numen virtus accedat humana, quam civitatis aut condere novas aut conservare iam conditas.

Quibus de rebus, quoniam nobis contigit ut idem et in gerenda re publica aliquid essemus memoria dignum consecuti, et in explicandis rationibus rerum civilium quandam facultatem, non modo usu sed etiam studio discendi et docendi *** essemus auctores, cum superiores ali fuissent in disputationibus perpoliti, quorum res gestae nullae invenirentur, ali in gerendo probabiles, in disserendo rudes. nec vero nostra quaedam est instituenda nova et a nobis inventa ratio, sed unius aetatis clarissimorum ac sapientissimorum nostrae civitatis virorum disputatio repetenda memoria est, quae mihi tibique quondam adulescentulo est a P. Rutilio Rufo, Smyrnae cum simul essemus compluris dies, eita, in qua nihil fere quod magno opere ad rationes omnium harum rerum pertineret praetermissam puto.

Nam cum P. Africanus hic Pauli filius feriis Latinis Tuditano cons. et Aquilio constituisset in hortis esse, familiarissimique eius ad eum frequenter per eos dies ventitaturos se esse dixissent, Latinis ipsis mane ad eum primus sororis filius venit Q. Tubero. quem cum comiter Scipio adpellavisset libenterque vidisset, 'quid tu' inquit 'tam mane Tubero? dabant enim hae feriae tibi opportunam sane facultatem ad explicandas tuas litteras'. tum ille (Tubero): 'mihi vero omne tempus est ad meos libros vacuum; numquam enim sunt illi occupati; te autem permagnum est nancisci otiosum, hoc praesertim motu rei publicae'. tum Scipio: 'atqui nactus es, sed mehercule otiosiorem opera quam animo.' et ille (Tubero): 'at vero animum quoque relaxes oportet; sumus enim multi ut constituimus parati, si tuo commodo fieri potest, abuti tecum hoc otio.' (Scipio) 'libente me

vero, ut aliquid aliquando de doctrinae studiis admoneamur.'
 Tum ille (Tubero): 'visne igitur, quoniam et me quodam modo
invitas et tui spem das, hoc primum Africane videamus, ante
quam veniunt alii, quidnam sit de isto altero sole quod
nuntiatum est in senatu? neque enim pauci neque leves sunt qui
se duo soles vidisse dicant, ut non tam fides non habenda quam
ratio quaerenda sit.' hic Scipio: 'quam vellem Panaetium
nostrum nobiscum haberemus! qui cum cetera tum haec
caelestia vel studiosissime solet quaerere. sed ego Tubero - nam
tecum aperte quod sentio loquar - non nimis adsentior in omni
isto genere nostro illi familiari, qui quae vix coniectura qualia
sint possumus suspicari, sic adfirmat ut oculis ea cernere
videatur aut tractare plane manu. quo etiam sapientiorem
Socratem soleo iudicare, qui omnem eius modi curam
deposuerit, eaque quae de natura quaererentur, aut maiora
quam hominum ratio consequi possit, aut nihil omnino ad
vitam hominum adtinere dixerit.' dein Tubero: 'nescio Africane
cur ita memoriae proditum sit, Socratem omnem istam
disputationem reiecisse, et tantum de vita et de moribus solitum
esse quaerere. quem enim auctorem de illo locupletiorem
Platone laudare possumus? cuius in libris multis locis ita
loquitur Socrates, ut etiam cum de moribus de virtutibus
denique de re publica disputet, numeros tamen et geometriam
et harmoniam studeat Pythagorae more coniungere.' tum
Scipio: 'sunt ista ut dicis; sed audisse te credo Tubero, Platonem
Socrate mortuo primum in Aegyptum discendi causa, post in
Italiam et in Siciliam contendisse, ut Pythagorae inventa
perdisceret, eumque et cum Archyta Tarentino et cum Timaeo
Locro multum fuisse et Philolai commentarios esse nanctum,
cumque eo tempore in his locis Pythagorae nomen vigeret,
illum se et hominibus Pythagoreis et studiis illis dedisse. itaque
cum Socratem unice dilexisset, eique omnia tribuere voluisset,
leporem Socraticum subtilitatemque sermonis cum obscuritate
Pythagorae et cum illa plurimarum artium gravitate contexuit.'
Haec Scipio cum dixisset, L. Furium repente venientem aspexit,
eumque ut salutavit, amicissime adprehendit et in lecto suo
conlocavit. et cum simul P. Rutilius venisset, qui est nobis huius
sermonis auctor, eum quoque ut salutavit, propter Tuberonem
iussit adsidere. tum Furius: 'quid vos agitis? num sermonem

vestrum aliquem diremit noster interventus?' 'minime vero',
Africanus; 'soles enim tu haec studiose investigare quae sunt in
hoc genere de quo instituerat paulo ante Tubero quaerere;
Rutilius quidem noster etiam, sub ipsis Numantiae moenibus
solebat mecum interdum eius modi aliquid conquirere.' 'quae
res tandem inciderat?' inquit Philus. tum ille (Scipio): 'de solibus
istis duobus; de quo studeo, Phile, ex te audire quid sentias.'
Dixerat hoc ille, cum puer nuntiavit venire ad eum Laelium
domoque iam exisse. tum Scipio calceis et vestimentis sumptis e
cubiculo est egressus, et cum paululum inambulavisset in
porticu, Laelium advenientem salutavit et eos, qui una
venerant, Spurium Mummium, quem in primis diligebat, et C.
Fannium et Quintum Scaevolam, generos Laeli, doctos
adulescentes, iam aetate quaestorios; quos cum omnis
salutavisset, convertit se in porticu et coniecit in medium
Laelium; fuit enim hoc in amicitia quasi quoddam ius inter illos,
ut militiae propter eximiam belli gloriam Africanum ut deum
coleret Laelius, domi vicissim Laelium, quod aetate antecedebat,
observaret in parentis loco Scipio. dein cum essent perpauca
inter se uno aut altero spatio conlocuti, Scipionique eorum
adventus periucundus et pergratus fuisset, placitum est ut in
aprico maxime pratuli loco, quod erat hibernum tempus anni,
considerent; quod cum facere vellent, intervenit vir prudens
omnibusque illis et iucundus et carus, M'. Manilius qui a
Scipione ceterisque amicissime consalutatus adsedit proximus
Laelio.
Tum Philus: 'non mihi videtur' inquit 'quod hi venerunt alius
nobis sermo esse quaerendus, sed agendum accuratius et
dicendum dignum aliquid horum auribus.' hic Laelius: 'quid
tandem agebatis, aut cui sermoni nos intervenimus?' (Philus)
'quaesierat ex me Scipio quidnam sentirem de hoc quod duo
soles visos esse constaret.' (Laelius) 'ain vero, Phile? iam
explorata nobis sunt ea quae ad domos nostras quaeque ad rem
publicam pertinent? siquidem quid agatur in caelo quaerimus.'
et ille (Philus): 'an tu ad domos nostras non censes pertinere
scire quid agatur et quid fiat domi? quae non ea est quam
parietes nostri cingunt, sed mundus hic totus, quod domicilium
quamque patriam di nobis communem secum dederunt, cum
praesertim si haec ignoremus, multa nobis et magna ignoranda

sint. ac me quidem ut hercule etiam te ipsum Laeli omnisque
avidos sapientiae cognitio ipsa rerum consideratioque delectat.'
tum Laelius: 'non inpedio, praesertim quoniam feriati sumus;
sed possumus audire aliquid an serius venimus?' (Philus) nihil
est adhuc disputatum, et quoniam est integrum, libenter tibi,
Laeli, ut de eo disseras equidem concessero.' (Laelius) 'immo
vero te audiamus, nisi forte Manilius interdictum aliquod inter
duos soles putat esse componendum, ut ita caelum possideant
ut uterque possederit.' tum Manilius: 'pergisne eam, Laeli,
artem inludere, in qua primum excellis ipse, deinde sine qua
scire nemo potest quid sit suum quid alienum? sed ista mox;
nunc audiamus Philum, quem video maioribus iam de rebus
quam me aut quam P. Mucium consuli.'
Tum Philus: 'nihil novi vobis adferam, neque quod a me sit
excogitatum aut inventum; nam memoria teneo C. Sulpicium
Gallum, doctissimum ut scitis hominem, cum idem hoc visum
diceretur et esset casu apud M. Marcellum, qui cum eo consul
fuerat, sphaeram quam M. Marcelli avus captis Syracusis ex
urbe locupletissima atque ornatissima sustulisset, cum aliud
nihil ex tanta praeda domum suam deportavisset, iussisse
proferri; cuius ego sphaerae cum persaepe propter Archimedi
gloriam nomen audissem, speciem ipsam non sum tanto opere
admiratus; erat enim illa venustior et nobilior in volgus, quam
ab eodem Archimede factam posuerat in templo Virtutis
Marcellus idem. sed posteaquam coepit rationem huius operis
scientissime Gallus exponere, plus in illo Siculo ingenii quam
videretur natura humana ferre potuisse iudicabam fuisse.
dicebat enim Gallus sphaerae illius alterius solidae atque plenae
vetus esse inventum, et eam a Thalete Milesio primum esse
tornatam, post autem ab Eudoxo Cnidio, discipulo ut ferebat
Platonis, eandem illam astris quae caelo inhaererent esse
descriptam; cuius omnem ornatum et descriptionem sumptam
ab Eudoxo multis annis post non astrologiae scientia sed poetica
quadam facultate versibus Aratum extulisse. hoc autem
sphaerae genus, in quo solis et lunae motus inessent et earum
quinque stellarum quae errantes et quasi vagae nominarentur,
in illa sphaera solida non potuisse finiri, atque in eo
admirandum esse inventum Archimedi, quod excogitasset
quem ad modum in dissimillimis motibus inaequabiles et varios

cursus servaret una conversio. hanc sphaeram Gallus cum
moveret, fiebat ut soli luna totidem conversionibus in aere illo
quot diebus in ipso caelo succederet, ex quo et in caelo sphaera
solis fieret eadem illa defectio, et incideret luna tum in eam
metam quae esset umbra terrae, cum sol e regione

*****

(Scipio) 'fuit, quod et ipse hominem diligebam et in primis patri
meo Paulo probatum et carum fuisse cognoveram. memini me
admodum adulescentulo, cum pater in Macedonia consul esset
et essemus in castris perturbari exercitum nostrum religione et
metu, quod serena nocte subito candens et plena luna defecisset.
tum ille cum legatus noster esset anno fere ante quam consul est
declaratus, haud dubitavit postridie palam in castris docere
nullum esse prodigium, idque et tum factum esse et certis
temporibus esse semper futurum, cum sol ita locatus fuisset ut
lunam suo lumine non posset attingere.' 'ain tandem?' inquit
Tubero; 'docere hoc poterat ille homines paene agrestes, et apud
imperitos audebat haec dicere?' (Scipio) 'ille vero, et magna
quidem cum

*****

(Scipio) neque insolens ostentatio neque oratio abhorrens a
persona hominis gravissimi; rem enim magnam erat adsecutus,
quod hominibus perturbatis inanem religionem timoremque
deiecerat.
 Atque eius modi quiddam etiam bello illo maximo quod
Athenienses et Lacedaemonii summa inter se contentione
gesserunt, Pericles ille et auctoritate et eloquentia et consilio
princeps civitatis suae, cum obscurato sole tenebrae factae
essent repente, Atheniensiumque animos summus timor
occupavisset, docuisse civis suos dicitur, id quod ipse ab
Anaxagora cuius auditor fuerat acceperat, certo illud tempore
fieri et necessario, cum tota se luna sub orbem solis subiecisset;
itaque etsi non omni intermenstruo, tamen id fieri non posse
nisi intermenstruo tempore. quod cum disputando
rationibusque docuisset, populum liberavit metu; erat enim tum

haec nova et ignota ratio, solem lunae oppositu solere deficere,
quod Thaletem Milesium primum vidisse dicunt. id autem
postea ne nostrum quidem Ennium fugit; qui ut scribit, anno
quinquagesimo et CCC. fere post Romam conditam 'Nonis Iunis
soli luna obstitit et nox.' atque hac in re tanta inest ratio atque
sollertia, ut ex hoc die quem apud Ennium et in maximis
annalibus consignatum videmus, superiores solis defectiones
reputatae sint usque ad illam quae Nonis Quinctilibus fuit
regnante Romulo; quibus quidem Romulum tenebris etiamsi
natura ad humanum exitum abripuit, virtus tamen in caelum
dicitur sustulisse.'
 Tum Tubero: 'videsne, Africane, quod paulo ante secus tibi
videbatur, doc

*****

(Scipio) lis, quae videant ceteri. quid porro aut praeclarum putet
in rebus humanis, qui haec deorum regna perspexerit, aut
diuturnum, qui cognoverit quid sit aeternum, aut gloriosum,
qui viderit quam parva sit terra, primum universa, deinde ea
pars eius quam homines incolant, quamque nos in exigua eius
parte adfixi, plurimis ignotissimi gentibus, speremus tamen
nostrum nomen volitare et vagari latissime? agros vero et
aedificia et pecudes et inmensum argenti pondus atque auri qui
bona nec putare nec appellare soleat, quod earum rerum
videatur ei levis fructus, exiguus usus, incertus dominatus,
saepe etiam taeterrimorum hominum inmensa possessio, quam
est hic fortunatus putandus! cui soli vere liceat omnia non
Quiritium sed sapientium iure pro suis vindicare, nec civili nexo
sed communi lege naturae, quae vetat ullam rem esse
cuiusquam, nisi eius qui tractare et uti sciat; qui inperia
consulatusque nostros in necessariis, non in expetendis rebus,
muneris fungendi gratia subeundos, non praemiorum aut
gloriae causa adpetendos putet; qui denique, ut Africanum
avum meum scribit Cato solitum esse dicere, possit idem de se
praedicare, numquam se plus agere quam nihil cum ageret,
numquam minus solum esse quam cum solus esset. quis enim
putare vere potest, plus egisse Dionysium tum cum omnia
moliendo eripuerit civibus suis libertatem, quam eius civem

Archimedem cum istam ipsam sphaeram, nihil cum agere videretur, de qua modo dicebatur effecerit? quis autem non magis solos esse, qui in foro turbaque quicum conloqui libeat non habeant, quam qui nullo arbitro vel secum ipsi loquantur, vel quasi doctissimorum hominum in concilio adsint, cum eorum inventis scriptisque se oblectent? quis vero divitiorem quemquam putet quam eum cui nihil desit quod quidem natura desideret, aut potentiorem quam illum qui omnia quae expetat consequatur, aut beatiorem quam qui sit omni perturbatione animi liberatus, aut firmiore fortuna quam qui ea possideat quae secum ut aiunt vel e naufragio possit ecferre? quod autem imperium, qui magistratus, quod regnum potest esse praestantius, quam despicientem omnia humana et inferiora sapientia ducentem nihil umquam nisi sempiternum et divinum animo volutare? cui persuasum sit appellari ceteros homines,esse solos eos qui essent politi propriis humanitatis artibus? ut mihi Platonis illud, seu quis dixit alius, perelegans esse videatur: quem cum ex alto ignotas ad terras tempestas et in desertum litus detulisset, timentibus ceteris propter ignorationem locorum, animadvertisse dicunt in arena geometricas formas quasdam esse descriptas; quas ut vidisset, exclamavisse ut bono essent animo; videre enim se hominum vestigia; quae videlicet ille non ex agri consitura quam cernebat, sed ex doctrinae indiciis interpretabatur. quam ob rem Tubero semper mihi et doctrina et eruditi homines et tua ista studia placuerunt.'

 Tum Laelius: 'non audeo quidem' inquit 'ad ista Scipio dicere, neque tam te aut Philum aut Manilium

*****

(Laelius) in ipsius paterno genere fuit noster ille amicus, dignus huic ad imitandum,
'Egregie cordatus homo, catus Aelius Sextus'
qui 'egregie cordatus' et 'catus' fuit et ab Ennio dictus est, non quod ea quaerebat quae numquam inveniret, sed quod ea respondebat quae eos qui quaesissent et cura et negotio solverent, cuique contra Galli studia disputanti in ore semper erat ille de Iphigenia Achilles:

'Astrologorum signa in caelo - quid sit observationis,
Cum capra aut nepa aut exoritur nomen aliquod beluarum -,
Quod est ante pedes nemo spectat, caeli scrutantur plagas.'

atque idem - multum enim illum audiebam et libenter - Zethum
illum Pacuvi nimis inimicam doctrinae esse dicebat; magis eum
delectabat Neoptolemus Ennii, qui se ait 'philosophari velle, sed
paucis; nam omnino haud placere'. quodsi studia Graecorum
vos tanto opere delectant, sunt alia liberiora et transfusa latius,
quae vel ad usum vitae vel etiam ad ipsam rem publicam
conferre possumus. istae quidem artes, si modo aliquid, id
valent, ut paulum acuant et tamquam inritent ingenia
puerorum, quo facilius possint maiora discere.'
Tum Tubero: 'non dissentio a te, Laeli, sed quaero quae tu esse
maiora intellegas. (Laelius) dicam mehercule et contemnar a te
fortasse, cum tu ista caelestia de Scipione quaesieris, ego autem
haec quae videntur ante oculos esse magis putem quaerenda.
quid enim mihi L. Pauli nepos, hoc avunculo, nobilissima in
familia atque in hac tam clara re publica natus, quaerit quo
modo duo soles visi sint, non quaerit cur in una re publica duo
senatus et duo paene iam populi sint? nam ut videtis mors
Tiberii Gracchi et iam ante tota illius ratio tribunatus divisit
populum unum in duas partis; obtrectatores autem et invidi
Scipionis, initiis factis a P. Crasso et Appio Claudio, tenent
nihilo minus illis mortuis senatus alteram partem, dissidentem a
vobis auctore Metello et P. Mucio, neque hunc qui unus potest,
concitatis sociis et nomine Latino, foederibus violatis, triumviris
seditiosissimis aliquid cotidie novi molientibus, bonis viris
locupletibus perturbatis, his tam periculosis rebus subvenire
patiuntur. quam ob rem si me audietis adulescentes, solem
alterum ne metueritis; aut enim nullus esse potest, aut sit sane
ut visus est, modo ne sit molestus, aut scire istarum rerum nihil,
aut etiamsi maxime sciemus, nec meliores ob eam scientiam nec
beatiores esse possumus; senatum vero et populum ut unum
habeamus et fieri potest, et permolestum est nisi fit, et secus
esse scimus, et videmus si id effectum sit et melius nos esse
victuros et beatius.'
Tum Mucius: 'quid esse igitur censes Laeli discendum nobis, ut
istud efficere possimus ipsum quod postulas?' (Laelius) 'eas

artis quae efficiant ut usui civitati simus; id enim esse praeclarissimum sapientiae munus maximumque virtutis vel documentum vel officium puto. quam ob rem ut hae feriae nobis ad utilissimos rei publicae sermones potissimum conferantur, Scipionem rogemus, ut explicet quem existimet esse optimum statum civitatis; deinde alia quaeremus. quibus cognitis spero nos ad haec ipsa via perventuros, earumque rerum rationem quae nunc instant explicaturos.'
Cum id et Philus et Manilius et Mummius admodum adprobavissent

*****

nullum est exemplum cui malimus adsimulare rem publicam. (Laelius) 'non solum ob eam causam fieri volui, quod erat aequum de re publica potissimum principem rei publicae dicere, sed etiam quod memineram persaepe te cum Panaetio disserere solitum coram Polybio, duobus Graecis vel peritissimis rerum civilium, multaque colligere ac docere, optimum longe statum civitatis esse eum quem maiores nostri nobis reliquissent. qua in disputatione quoniam tu paratior es, feceris - ut etiam pro his dicam - si de re publica quid sentias explicaris, nobis gratum omnibus.'
Tum ille (Scipio): 'non possum equidem dicere me ulla in cogitatione acrius aut diligentius solere versari, quam in ista ipsa quae mihi Laeli a te proponitur. etenim cum in suo quemque opere artificem, qui quidem excellat, nihil aliud cogitare meditari curare videam, nisi quo sit in illo genere melior, ego cum mihi sit unum opus hoc a parentibus maioribusque meis relictum, procuratio atque administratio rei publicae, non me inertiorem esse confitear quam opificem quemquam, si minus in maxima arte quam illi in minimis operae consumpserim? sed neque iis contentus sum quae de ista consultatione scripta nobis summi ex Graecia sapientissimique homines reliquerunt, neque ea quae mihi videntur anteferre illis audeo. quam ob rem peto a vobis ut me sic audiatis: neque ut omnino expertem Graecarum rerum, neque ut eas nostris in hoc praesertim genere anteponentem, sed ut unum e togatis patris diligentia non inliberaliter

institutum, studioque discendi a pueritia incensum, usu tamen et domesticis praeceptis multo magis eruditum quam litteris.'

Hic Philus: 'non hercule' inquit 'Scipio dubito, quin tibi ingenio praestiterit nemo, usuque idem in re publica rerum maximarum facile omnis viceris, quibus autem studiis semper fueris tenemus. quam ob rem si ut dicis animum quoque contulisti in istam rationem et quasi artem, habeo maximam gratiam Laelio; spero enim multo uberiora fore quae a te dicentur, quam illa quae a Graecis nobis scripta sunt omnia.' tum ille (Scipio) 'permagnam tu quidem expectationem, quod onus est ei qui magnis de rebus dicturus est gravissimum, inponis orationi meae.' Et Philus: 'quamvis sit magna, tamen eam vinces ut soles; neque enim est periculum ne te 'e re publica disserentem deficiat oratio.'

Hic Scipio: 'faciam quod vultis ut potero, et ingrediar in disputationem ea lege, qua credo omnibus in rebus disserendis utendam esse si errorem velis tollere, ut eius rei de qua quaeretur si nomen quod sit conveniat, explicetur quid declaretur eo nomine; quod si convenerit, tum demum decebit ingredi in sermonem; numquam enim quale sit illud de quo disputabitur intellegi poterit, nisi quod sit fuerit intellectum prius. quare quoniam de re publica quaerimus, hoc primum videamus quid sit id ipsum quod quaerimus.' cum adprobavisset Laelius, 'nec vero' inquit Africanus 'ita disseram de re tam inlustri tamque nota, ut ad illa elementa revolvar quibus uti docti homines his in rebus solent, ut a prima congressione maris et feminae, deinde a progenie et cognatione ordiar, verbisque quid sit et quot modis quidque dicatur definiam saepius; apud prudentes enim homines et in maxima re publica summa cum gloria belli domique versatos cum loquar, non committam ut sit inlustrior illa ipsa res de qua disputem, quam oratio mea; nec enim hoc suscepi ut tamquam magister persequerer omnia, neque hoc polliceor me effecturum ut ne qua particula in hoc sermone praetermissa sit.' tum Laelius: 'ego vero istud ipsum genus orationis quod polliceris expecto.'

Est igitur, inquit Africanus, res publica res populi, populus autem non omnis hominum coetus quoquo modo congregatus, sed coetus multitudinis iuris consensu et utilitatis communione sociatus. eius autem prima causa coeundi est non tam inbecillitas quam naturalis quaedam hominum quasi congregatio; non est enim singulare nec solivagum genus hoc, sed ita generatum ut ne in omnium quidem rerum affluentia

*****

idque ipsa natura non invitaret solum sed etiam cogeret.

*****

(Scipio) quaedam quasi semina, neque reliquarum virtutum nec ipsius rei publicae reperiatur ulla institutio. hi coetus igitur hac de qua eui causa instituti, sedem primum certo loco domiciliorum causa constituerunt; quam cum locis manuque saepsissent, eius modi coniunctionem tectorum oppidum vel urbem appellaverunt, delubris distinctam spatiisque communibus. omnis ergo populus, qui est talis coetus multitudinis qualem eui, omnis civitas, quae est constitutio populi, omnis res publica, quae ut dixi populi res est, consilio quodam regenda est, ut diuturna sit. id autem consilium primum semper ad eam causam referendum est quae causa genuit civitatem. deinde aut uni tribuendum est, aut delectis quibusdam, aut suscipiendum est multitudini atque omnibus. quare cum penes unum est omnium summa rerum, regem illum unum vocamus, et regnum eius rei publicae statum. cum autem est penes delectos, tum illa civitas optimatium arbitrio regi dicitur. illa autem est civitas popularis - sic enim appellant -, in qua in populo sunt omnia. atque horum trium generum quodvis, si teneat illud vinculum quod primum homines inter se rei publicae societate devinxit, non perfectum illud quidem neque mea sententia optimum, sed tolerabile tamen, et aliud ut alio possit esse praestantius. nam vel rex aequus ac sapiens, vel delecti ac principes cives, vel ipse populus, quamquam id est minime probandum, tamen nullis interiectis iniquitatibus aut cupiditatibus posse videtur aliquo esse non incerto statu.
Sed et in regnis nimis expertes sunt ceteri communis iuris et consilii, et in optimatium dominatu vix particeps libertatis potest esse multitudo, cum omni consilio communi ac potestate

careat, et cum omnia per populum geruntur quamvis iustum
atque moderatum, tamen ipsa aequabilitas est iniqua, cum
habet nullos gradus dignitatis. itaque si Cyrus ille Perses
iustissimus fuit sapientissimusque rex, tamen mihi populi res -
ea enim est ut dixi antea publica - non maxime expetenda fuisse
illa videtur, cum regeretur unius nutu (Text zerstört) ac modo;
si Massilienses nostri clientes per delectos et principes cives
summa iustitia reguntur, inest tamen in ea condicione populi
similitudo quaedam servitutis; si Athenienses quibusdam
temporibus sublato Areopago nihil nisi populi scitis ac decretis
agebant, quoniam distinctos dignitatis gradus non habebant,
non tenebat ornatum suum civitas.
 Atque hoc loquor de tribus his generibus rerum publicarum
non turbatis atque permixtis, sed suum statum tenentibus. quae
genera primum sunt in iis singula vitiis quae ante dixi, deinde
habent perniciosa alia vitia; nullum est enim genus illarum
rerum publicarum, quod non habeat iter ad finitimum
quoddam malum praeceps ac lubricum. nam illi regi, ut eum
potissimum nominem, tolerabili aut si voltis etiam amabili Cyro
subest ad inmutandi animi licentiam crudelissimus ille Phalaris,
cuius in similitudinem dominatus unius proclivi cursu et facile
delabitur. illi autem Massiliensium paucorum et principum
administrationi civitatis finitimus est qui fuit quodam tempore
apud Athenienses triginta virorum illorum consensus et factio.
iam Atheniensium populi potestatem omnium rerum ipsi, ne
alios requiramus, ad furorem multitudinis licentiamque
conversam pesti

*****

(Scipio) 'taeterrimus, et ex hac vel optimatium vel factiosa
tyrannica illa vel regia vel etiam persaepe popularis, itemque ex
ea genus aliquod ecflorescere ex illis quae ante dixi solet,
mirique sunt orbes et quasi circuitus in rebus publicis
commutationum et vicissitudinum; quos cum cognosse
sapientis est, tum vero prospicere inpendentis, in gubernanda re
publica moderantem cursum atque in sua potestate retinentem,
magni cuiusdam civis et divini paene est viri. itaque quartum
quoddam genus rei publicae maxime probandum esse sentio,

quod est ex his quae prima dixi moderatum et permixtum tribus.'

Hic Laelius: 'scio tibi ita placere Africane: saepe enim ex te audivi; sed tamen, nisi molestum est, ex tribus istis modis rerum publicarum velim scire quod optimum iudices. nam vel profuerit aliquid ad cog

*****

(Scipio) 'et talis est quaeque res publica, qualis eius aut natura aut voluntas qui illam regit. itaque nulla alia in civitate, nisi in qua populi potestas summa est, ullum domicilium libertas habet; qua quidem certe nihil potest esse dulcius, et quae si aequa non est ne libertas quidem est. qui autem aequa potest esse - omitto dicere in regno, ubi ne obscura quidem est aut dubia servitus, sed in istis civitatibus in quibus verbo sunt liberi omnes? ferunt enim suffragia, mandant inperia magistratus, ambiuntur, rogantur, sed ea dant magis quae etiamsi nolint danda sint, et quae ipsi non habent unde ali petunt;sunt enim expertes imperii, consilii publici, iudicii delectorum iudicum, quae familiarum vetustatibus aut pecuniis ponderantur. in libero autem populo, ut Rhodi, ut Athenis, nemo est civium qui

*****

(Scipio) populo aliquis unus pluresve divitiores opulentioresque extitissent, tum ex eorum fastidio et superbia nata esse commemorant, cedentibus ignavis et inbecillis et adrogantiae divitum succumbentibus. si vero ius suum populi teneant, negant quicquam esse praestantius, liberius, beatius, quippe qui domini sint legum, iudiciorum, belli, pacis, foederum, capitis unius cuiusque, pecuniae. hanc unam rite rem publicam, id est rem populi, appellari putant. itaque et a regum et a patrum dominatione solere in libertatem rem populi vindicari, non ex liberis populis reges requiri aut potestatem atque opes optimatium. et vero negant oportere indomiti populi vitio genus hoc totum liberi populi repudiari: concordi populo et omnia referente ad incolumitatem et ad libertatem suam nihil esse inmutabilius, nihil firmius; facillimam autem in ea re publica esse posse concordiam, in qua idem conducat omnibus; ex utilitatis varietatibus, cum aliis aliud expediat, nasci discordias; itaque cum patres rerum potirentur, numquam constitisse civitatis statum; multo iam id in regnis minus, quorum, ut ait Ennius, 'nulla regni sancta societas nec fides est.' quare cum lex sit civilis societatis vinculum, ius autem legis aequale, quo iure societas civium teneri potest, cum par non sit condicio civium? si enim pecunias aequari non placet, si ingenia omnium paria esse non possunt, iura certe paria debent esse eorum inter se qui sunt cives in eadem re publica. quid est enim civitas nisi iuris societas civium?

*****

(Scipio) ceteras vero res publicas ne appellandas quidem putant iis nominibus quibus illae sese appellari velint. cur enim regem appellem Iovis optimi nomine hominem dominandi cupidum aut imperii singularis, populo oppresso dominantem, non tyrannum potius? tam enim esse clemens tyrannus quam rex inportunus potest: ut hoc populorum intersit utrum comi domino an aspero serviant; quin serviant quidem fieri non potest. quo autem modo adsequi poterat Lacedaemo illa tum, cum praestare putabatur disciplina rei publicae, ut bonis uteretur iustisque regibus, cum esset habendus rex quicumque genere regio natus esset? nam optimatis quidem quis ferat, qui non populi concessu sed suis comitiis hoc sibi nomen adrogaverunt? qui enim iudicatur iste optimus? doctrina artibus studiis, audio: quando?

*****

(Scipio) Si fortuito id faciet, tam cito evertetur quam navis, si e vectoribus sorte ductus ad gubernacula accesserit. quodsi liber populus deliget quibus se committat, deligetque si modo salvus esse vult optimum quemque, certe in optimorum consiliis posita est civitatium salus, praesertim cum hoc natura tulerit, non solum ut summi virtute et animo praeesse inbecillioribus, sed ut hi etiam parere summis velint. verum hunc optimum statum pravis hominum opinionibus eversum esse dicunt, qui

ignoratione virtutis, quae cum in paucis est tum a paucis
iudicatur et cernitur, opulentos homines et copiosos, tum genere
nobili natos esse optimos putant. hoc errore vulgi cum rem
publicam opes paucorum, non virtutes tenere coeperunt, nomen
illi principes optimatium mordicus tenent, re autem carent eo
nomine. nam divitiae, nomen, opes vacuae consilio et vivendi
atque aliis imperandi modo dedecoris plenae sunt et insolentis
superbiae, nec ulla deformior species est civitatis quam illa in
qua opulentissimi optimi putantur. virtute vero gubernante
rem publicam, quid potest esse praeclarius? cum is qui inperat
aliis servit ipse nulli cupiditati, cum quas ad res civis instituit et
vocat, eas omnis conplexus est ipse, nec leges inponit populo
quibus ipse non pareat, sed suam vitam ut legem praefert suis
civibus. qui si unus satis omnia consequi posset, nihil opus esset
pluribus; si universi videre optimum et in eo consentire possent,
nemo delectos principes quaereret. difficultas ineundi consilii
rem a rege ad plures, error et temeritas populorum a
multitudine ad paucos transtulit. sic inter infirmitatem unius
temeritatemque multorum medium optimates possederunt
locum, quo nihil potest esse moderatius; quibus rem publicam
tuentibus beatissimos esse populos necesse est, vacuos omni
cura et cogitatione, aliis permisso otio suo, quibus id tuendum
est neque committendum ut sua commoda populus neglegi a
principibus putet. nam aequabilitas quidem iuris, quam
amplexantur liberi populi, neque servari potest - ipsi enim
populi, quamvis soluti ecfrenatique sint, praecipue multis multa
tribuunt, et est in ipsis magnus dilectus hominum et dignitatum
-, eaque quae appellatur aequabilitas iniquissima est: cum enim
par habetur honos summis et infimis, qui sint in omni populo
necesse est, ipsa aequitas iniquissima est; quod in iis civitatibus
quae ab optimis reguntur accidere non potest. haec fere Laeli et
quaedam eiusdem generis ab iis qui eam formam rei publicae
maxime laudant disputari solent.'
　　Tum Laelius: 'quid tu' inquit 'Scipio? e tribus istis quod maxime
probas?' (Scipio) recte quaeris quod maxime e tribus, quoniam
eorum nullum ipsum per se separatim probo, anteponoque
singulis illud quod conflatum fuerit ex omnibus. sed si unum ac
simplex probandum sit, regium probem ... pri ... in ... f ... hoc
loco appellatur, occurrit nomen quasi patrium regis, ut ex se

natis ita consulentis suis civibus et eos conservantis studiosius quam ... entis ... tem ... us ... tibus ... uos sustentari unius optimi et summi viri diligentia. adsunt optimates, qui se melius hoc idem facere profiteantur, plusque fore dicant in pluribus consilii quam in uno, et eandem tamen aequitatem et fidem. ecce autem maxima voce clamat populus neque se uni neque paucis velle parere; libertate ne feris quidem quicquam esse dulcius; hac omnes carere, sive regi sive optimatibus serviant. ita caritate nos capiunt reges, consilio optimates, libertate populi, ut in conparando difficile ad eligendum sit quid maxime velis.' (Laelius) 'credo' inquit, 'sed expediri quae restant vix poterunt, si hoc incohatum reliqueris.'

(Scipio) 'imitemur ergo Aratum, qui magnis de rebus dicere exordiens a Iove incipiendum putat.' (Laelius) 'quo Iove? aut quid habet illius carminis simile haec oratio?' (Scipio) 'tantum' inquit 'ut rite ab eo dicendi principia capiamus, quem unum omnium deorum et hominum regem esse omnes docti indoctique expoliri consentiunt. 'quid?' inquit Laeliu.' 't ille (Scipio) 'quid censes nisi quod est ante oculos? sive haec ad utilitatem vitae constituta sunt a principibus rerum publicarum, ut rex putaretur unus esse in caelo, qui nutu ut ait Homerus, totum Olympum converteret, idemque et rex et pater haberetur omnium, magna auctoritas est multique testes, siquidem omnis multos appellari placet, ita consensisse gentes decretis videlicet principum, nihil esse rege melius, quoniam deos omnis censent unius regi numine; sive haec in errore inperitorum posita esse et fabularum similia dicimus, audiamus communis quasi doctores eruditorum hominum, qui tamquam oculis illa viderunt, quae nos vix audiendo cognoscimus.' 'quinam' inquit Laelius 'isti sunt?' et ille (Scipio) 'qui natura omnium rerum pervestiganda senserunt omnem hunc mundum mente'

*****

(Scipio) 'sed si vis Laeli, dabo tibi testes nec nimis antiquos nec ullo modo barbaros.' (Laelius) 'istos' inquit volo.' (Scipio) 'videsne igitur minus quadringentorum annorum esse hanc urbem ut sine regibus sit?' (Laelius) 'vero minus.' (Scipio) 'quid ergo? haec quadringentorum annorum aetas ut urbis et civitatis

num valde longa est?' (Laelius) 'ista vero' inquit 'adulta vix'.
(Scipio) 'ergo his annis quadringentis Romae rex erat?' (Laelius)
'et superbus quidem. (Scipio) quid supra? (Laelius) 'iustissimus,
et deinceps retro usque ad Romulum, qui ab hoc tempore anno
sescentesimo rex erat.' (Scipio) 'ergo ne iste quidem pervetus?'
(Laelius) 'minime, ac prope senescente iam Graecia.' 'cedo, num'
Scipio 'barbarorum Romulus rex fuit?' (Laelius) 'si ut Graeci
dicunt omnis aut Graios esse aut barbaros, vereor ne
barbarorum rex fuerit; sin id nomen moribus dandum est, non
linguis, non Graecos minus barbaros quam Romanos puto.' et
Scipio: 'atqui ad hoc de quo agitur non quaerimus gentem,
ingenia quaerimus. si enim et prudentes homines et non veteres
reges habere voluerunt, utor neque perantiquis neque
inhumanis ac feris testibus.

 Tum Laelius: 'video te Scipio testimoniis satis instructum, sed
apud me, ut apud bonum iudicem, argumenta plus quam testes
valent.' tum Scipio: 'utere igitur argumento Laeli tute ipse
sensus tui.' 'cuius' inquit ille (Laelius) 'sensus?' (Scipio) 'Si
quando, si forte tibi visus es irasci alicui.' (Laelius) 'ego vero
saepius quam vellem.' (Scipio) 'quid? tum cum tu es iratus,
permittis illi iracundiae dominatum animi tui?' (Laelius) 'non
mehercule' inquit, 'sed imitor Archytam illum Tarentinum, qui
cum ad villam venisset et omnia aliter offendisset ac iusserat, 'a
te in felicem' inquit vilico, 'quem necassem iam verberibus, nisi
iratus essem.' 'optime' inquit Scipio. 'ergo Archytas iracundiam
videlicet dissidentem a ratione seditionem quandam animi esse
iure ducebat, atque eam consilio sedari volebat; adde avaritiam,
adde imperii, adde gloriae cupiditatem, adde libidines, et illud
vides: si in animis hominum regale imperium sit, unius fore
dominatum, consilii scilicet - ea est enim animi pars optima -,
consilio autem dominante nullum esse libidinibus, nullum irae,
nullum temeritati locum.' (Laelius) 'sic' inquit 'est.' (Scipio)
'probas igitur animum ita adfectum?' (Laelius) 'nihil vero' inquit
'magis.' (Scipio) 'ergo non probares, si consilio pulso libidines,
quae sunt innumerabiles, iracundiaeve tenerent omnia?'
(Laelius) 'ego vero nihil isto animo, nihil ita animato homine
miserius ducerem.' (Scipio) 'sub regno igitur tibi esse placet
omnis animi partes, et eas regi consilio?' (Laelius) 'miti vero sic
placet.' (Scipio) 'cor igitur dubitas quid de re publica sentias? in

qua si in plures translata res sit, intellegi iam licet nullum fore quod praesit inperium, quod quidem nisi unum sit esse nullum potest.'

Tum Laelius: 'quid quaeso interest inter unum et plures, si iustitia est in pluribus?' et Scipio: 'quoniam testibus meis intellexi Laeli te non valde moveri, non desinam te uti teste, ut hoc quod dico probem.' 'me?' inquit ille (Laelius) 'quonam modo?' (Scipio) 'quia animum adverti nuper, cum essemus in Formiano, te familiae valde interdicere, ut uni dicto audiens esset.' (Laelius) 'quippe vilico.' (Scipio) 'quid? domi pluresne praesunt negotiis tuis?' (Laelius) 'immo vero unus' inquit. (Scipio) 'quid? totam domum num quis alter praeter te regit?' (Laelius) 'minime vero.' (Scipio) 'quin tu igitur concedis itidem in re publica singulorum dominatus, si modo iusti sint, esse optimos?' (Laelius) 'adducor,' inquit, 'et prope modum adsentior.'

Et Scipio: 'tum magis adsentiare Laeli, si - ut omittam similitudines, uni gubernatori, uni medico, si digni modo sint iis artibus, rectius esse alteri navem committere, aegrum alteri quam multis - ad maiora pervenero.' (Laelius) 'quaenam ista sunt?' (Scipio) 'quid? tu non vides unius inportunitate et superbia Tarquinii nomen huic populo in odium venisse regium?' (Laelius) 'video vero' inquit. (Scipio) 'ergo etiam illud vides, de quo progrediente oratione plura me dicturum puto, Tarquinio exacto mira quadam exultasse populum insolentia libertatis; tum exacti in exilium innocentes, tum bona direpta multorum, tum annui consules, tum demissi populo fasces, tum provocationes omnium rerum, tum secessiones plebis, tum prorsus ita acta pleraque ut in populo essent omnia.' (Laelius) 'est' inquit 'ut dicis.' 'est vero' inquit Scipio 'in pace et otio - licet enim lascivire, dum nihil metuas - ut in navi ac saepe etiam in morbo levi. sed ut ille qui navigat, cum subito so mare coepit horrescere, et ille aeger ingravescente morbo unius opem inplorat, sic noster populus in pace et domi imperat et ipsis magistratibus, minatur, recusat, appellat, provocat, in bello sic paret ut regi; valet enim salus plus quam libido. gravioribus vero bellis es etiam sine collega omne imperium nostri penes singulos esse voluerunt, quorum ipsum nomen vim suae potestatis indicat. nam dictator quidem ab eo appellatur quia dicitur, sed in nostris libris vides eum Laeli magistrum populi appellari.' (Laelius) 'video' inquit. et Scipio: 'sapienter igitur illi veteres

*****

(Scipio.) 'iusto quidem rege cum est populus orbatus, 'pectora dura tenet desiderium,' sicut ait Ennius, post optimi regis obitum;
... simul inter
Sese sic memorant: 'o Romule Romule die,
Qualem te patriae custodem di genuerunt!
O pater, o genitor, o sanguen dis oriundum!'
non eros nec dominos appellant eos quibus iuste paruerunt, denique ne reges quidem, sed patriae custodes, sed patres, sed deos; nec sine causa; quid enim adiungunt?
'Tu produxisti nos intra luminis oras.'
vitam honorem decus sibi datum esse iustitia regie existimabant. mansisset eadem voluntas in eorum posteris, si regum similitudo permansisset, sed vides unius iniustitia concidisse genus illud totum rei publicae.' (Laelius) 'video vero' inquit 'et studeo cursus istos mutationum non magis in nostra quam in omni re publica noscere.'
Et Scipio: 'est omnino, cum de illo genere rei publicae quod maxime probo quae sentio dixero, accuratius mihi dicendum de commutationibus rerum publicarum, etsi minime facile eas in ea re publica futuras puto. sed huius regiae prima et certissima est illa mutatio: cum rex iniustus esse coepit, perit illud ilico genus, et est idem ille tyrannus, deterrimum genus et finitimum optimo; quem si optimates oppresserunt, quod ferme evenit, habet statum res publica de tribus secundarium; est enim quasi regium, id est patrium consilium populo bene consulentium principum. sin per se populus interfecit aut eiecit tyrannum, est moderatior, quoad sentit et sapit, et sua re gesta laetatur, tuerique vult per se constitutam rem publicam. sin quando aut regi iusto vim populus attulit regnove eum spoliavit, aut etiam, id quod evenit saepius, optimatium sanguinem gustavit ac totam rem publicam substravit libidini suae: cave putes autem mare ullum aut flammam esse tantam, quam non facilius sit

sedare quam effrenatam insolentia multitudinem! tum fit illud quod apud Platonem est luculente dictum, si modo id exprimere Latine potuero; difficile factu est, sed conabor tamen. "Cum" enim inquit "inexplebiles populi fauces exaruerunt libertatis siti, malisque usus ille ministris non modice temperatam sed nimis meracam libertatem sitiens hausit, tum magistratus et principes, nisi valde lenes et remissi sint et large sibi libertatem ministrent, insequitur insimulat arguit, praepotentes reges tyrannos vocat." puto enim tibi haec esse nota.' 'vero mihi' inquit ille (Laelius) 'notissima.' (Scipio) 'ergo illa sequuntur, "eos qui pareant principibus agitari ab eo populo et servos voluntarios appellari; eos autem qui in magistratu privatorum similes esse velint, eosque privatos qui efficiant ne quid inter privatum et magistratum differat, efferunt laudibus, et mactant honoribus, ut necesse sit in eius modi re publica plena libertatis esse omnia, ut et privata domus omnis vacet dominatione, et hoc malum usque ad bestias perveniat, denique ut pater filium metuat, filius patrem neclegat, absit omnis pudor, ut plane liberi sint, nihil intersit civis an peregrinus, magister ut discipulos metuat et iis blandiatur, spernantque discipuli magistros, adulescentes ut senum sibi pondus adsumant, senes autem ad ludum adulescentium descendant, ne sint iis odiosi et graves; ex quo fit ut etiam servi se liberius gerant, uxores eodem iure sint quo viri, inque tanta libertate canes etiam et equi, aselli denique libere sint sic incurrant ut iis de via decedendam sit. ergo ex hac infinita," inquit, "licentia haec summa cogitur, ut ita fastidiosae mollesque mentes evadant civium, ut si minima vis adhibeatur imperii, irascantur et perferre nequeant; ex quo leges quoque incipiunt neclegere, ut plane sine ullo domino sint."'

Tum Laelius: 'prorsus' inquit 'expressa sunt a te quae dicta sunt ab illo.' (Scipio) 'atque ut iam ad sermonis mei auctorem revertar, ex hac nimia licentia, quam illi solam libertatem putant, ait ille ut ex stirpe quadam existere et quasi nasci tyrannum. nam ut ex nimia potentia principum oritur interitus principum, sic hunc nimis liberum populum libertas ipsa servitute adficit. sic omnia nimia, cum vel in tempestate vel in agris vel in corporibus laetiora fuerunt, in contraria fere convertuntur, maximeque id in rebus publicis evenit, nimiaque illa libertas et populis et privatis in nimiam servitutem cadit. itaque ex hac maxima libertate tyrannus gignitur et illa iniustissima et durissima servitus. ex hoc enim populo indomito vel potius immani deligitur aliqui plerumque dux contra illos principes adflictos iam et depulsos loco, audax, inpurus, consectans proterve bene saepe de re publica meritos, populo gratificans et aliena et sua; cui quia privato so sunt oppositi timores, dantur imperia, et ea continuantur, praesidiis etiam, ut Athenis Pisistratus, saepiuntur, postremo, a quibus producti sunt, existunt eorum ipsorum tyranni; quos si boni oppresserunt, ut saepe fit, recreatur civitas; sin audaces, fit illa factio, genus aliud tyrannorum, eademque oritur etiam ex illo saepe optimatium praeclaro statu, cum ipsos principes aliqua pravitas de via deflexit. sic tanquam pilam rapiunt inter se rei publicae statum tyranni ab regibus, ab iis autem principes aut populi, a quibus aut factiones aut tyranni, nec diutius unquam tenetur idem rei publicae modus.

Quod ita cum sit, ex tritus primis generibus longe praestat mea sententia regium, regio autem ipsi praestabit id quod erit aequatum et temperatum ex tribus primis rerum publicarum modis. placet enim esse quiddam in re publica praestans et regale, esse aliud auctoritati principum inpartitum ac tributum, esse quasdam res servatas iudicio voluntatique multitudinis. haec constitutio primum habet aequabilitatem quandam magnam, qua carere diutius vix possunt liberi, deinde firmitudinem, quod et illa prima facile in contraria vitia convertuntur, ut exsistat ex rege dominus, ex optimatibus factio, ex populo turba et confusio; quodque ipsa genera generibus saepe conmutantur novis, hoc in hac iuncta moderateque permixta constitutione rei publicae non ferme sine magnis principum vitiis evenit. non est enim causa conversionis, ubi in suo quisque est gradu firmiter collocatus, et non subest quo praecipitet ac decidat.

Sed vereor, Laeli vosque homines amicissimi ac prudentissimi, ne si diutius in hoc genere verser, quasi praecipientis cuiusdam et docentis et non vobiscum simul considerantis esse videatur oratio mea. quam ob rem ingrediar in ea quae nota sunt omnibus, quaesita autem a nobis iam diu. sic enim decerno, sic sentio, sic adfirmo, nullam omnium rerum publicarum aut constitutione aut discriptione aut disciplina conferendam esse cum ea, quam patres nostri nobis acceptam iam inde a maioribus reliquerunt. quam, si placet, quoniam ea quae tenebatis ipsi etiam ex me audire voluistis, simul et qualis sit et optimam esse ostendam, eitaque ad exemplum nostra re publica, accommodabo ad eam si potero omnem illam orationem quae est mihi habenda de optimo civitatis statu. quod si tenere et consequi potuero, cumulate munus hoc, cui me Laelius praeposuit, ut opinio mea fert, effecero.'

Tum Laelius: 'tuum vero' inquit 'Scipio, ac tuum quidem unius. quis enim te potius aut de malorum dixerit institutis, cum sis clarissimis ipse maioribus? aut de optimo statu civitatis? quem si habemus, etsi ne nunc quidem, tum vero, quis te possit esse florentior? aut de consiliis in posterum providendis? cum tu duobus huius urbis terroribus depulsis in omne tempus prospexeris?'

LIBER SECVNDVS

*****

cupiditate audiendi, ingressus est sic loqui Scipio: 'Catonis hoc senis est, quem ut scitis unice dilexi maximeque sum admiratus, cuique vel patris utriusque iudicio vel etiam meo studio me totum ab adulescentia dedidi; cuius me numquam satiare potuit oratio; tantus erat in homine usus rei publicae, quam et domi et militiae cum optime tum etiam diutissime gesserat, et modus in dicendo. et gravitate mixtus lepos, et summum vel discendi studium vel docendi, et orationi vita admodum congruens. is dicere solebat ob hanc causam praestare nostrae civitatis statum ceteris civitatibus, quod in illis singuli fuissent fere quorum suam quisque rem publicam constituisset legibus atque institutis suis, ut Cretum Minos, Lacedaemoniorum Lycurgus, Atheniensium, quae persaepe commutata esset, tum Theseus tum Draco tum Solo tum Clisthenes tum multi alii, postremo exsanguem iam et iacentem doctus vir Phalereus sustentasset Demetrius, nostra autem res publica non unius esset ingenio sed multorum, nec una hominis vita sed aliquot constituta saeculis et aetatibus. nam neque ullum ingenium tantum extitisse dicebat, ut quem res nulla fugeret quisquam aliquando fuisset, neque cuncta ingenia conlata in unum tantum posse uno tempore providere, ut omnia complecterentur sine rerum usu ac vetustate. quam ob rem, ut ille solebat, ita nunc mea repetet oratio populi Romani originem; libenter enim etiam verbo utor Catonis. facilius autem quod est propositum consequar, si nostram rem publicam vobis et nascentem et crescentem et adultam et iam firmam atque robustam ostendero. quam si mihi aliquam, ut apud Platonem Socrates, ipse finxero.'

 Hoc cum omnes adprobavissent, 'quod habemus' inquit 'institutae rei publicae tam clarum ac tam omnibus notum exordium quam huius urbis condendae principium profectum a Romulo? qui patre Marte natus - concedamus enim famae hominum, praesertim non inveteratae solum sed etiam sapienter a maioribus proditae, bene meriti de rebus communibus ut genere etiam putarentur, non solum ingenio esse divino - is igitur ut natus sit, cum Remo fratre dicitur ab Amulio rege Albano ob labefactandi regni timorem ad Tiberim exponi iussus esse; quo in loco cum esset silvestris beluae sustentatus uberibus, pastoresque eum sustulissent et in agresti cultu laboreque aluissent, perhibetur ut adoleverit et corporis viribus et animi ferocitate tantum ceteris praestitisse, ut omnes qui tum eos agros ubi hodie est haec urbs incolebant, aequo animo illi libenterque parerent. quorum copiis cum se ducem praebuisset, ut et iam a fabulis ad facta veniamus, oppressisse Longam Albam, validam urbem et potentem temporibus illis, Amuliumque regem interemisse fertur.
 Qua gloria parta urbem auspicato condere et firmare dicitur primum cogitavisse rem publicam. urbi autem locum, quod est ei qui diuturnam rem publicam serere conatur diligentissime providendum, incredibili opportunitate delegit. neque enim ad mare admovit, quod ei fuit illa manu copiisque facillimum, ut in agrum Rutulorum Aboriginumve procederet, aut in ostio Tiberino, quem in locum multis post annis rex Ancus coloniam deduxit, urbem ipse conderet, sed hoc vir excellenti providentia sensit ac vidit, non esse opportunissimos situs maritimos urbibus eis quae ad spem diuturnitatis conderentur atque imperii, primum quod essent urbes maritimae non solum multis

periculis oppositae sed etiam caecis. nam terra continens adventus hostium non modo expectatos sed etiam repentinos multis indiciis et quasi fragore quodam et sonitu ipso ante denuntiat, neque vero quisquam potest hostis advolare terra, quin eum non modo adesse sed etiam quis et unde sit scire possimus. maritimus vero ille et navalis hostis ante adesse potest quam quisquam venturum esse suspicari queat, nec vero cum venit prae se fert aut qui sit aut unde veniat aut etiam quid velit, denique ne nota quidem ulla, pacatus an hostis sit, discerni ac iudicari potest.

Est autem maritimis urbibus etiam quaedam corruptela ac mutatio morum; admiscentur enim novis sermonibus ac disciplinis, et inportantur non merces solum adventiciae sed etiam mores, ut nihil possit in patriis institutis manere integrum. iam qui incolunt eas urbes, non haerent in suis sedibus, sed volucri semper spe et cogitatione rapiuntur a domo longius, atque etiam cum manent corpore, animo tamen exulant et vagantur. nec vero ulla res magis labefactatam diu et Carthaginem et Corinthum pervertit aliquando, quam hic error ac dissipatio civium, quod mercandi cupiditate et navigandi et agrorum et armorum cultum reliquerant. multa etiam ad luxuriam invitamenta perniciosa civitatibus subpeditantur mari, quae vel capiuntur vel inportantur; atque habet etiam amoenitas ipsa vel sumptuosas vel desidiosas inlecebras multas cupiditatum. et quod de Corintho dixi, id haut scio an liceat de cuncta Graecia verissime dicere; nam et ipsa Peloponnesus fere tota in mari est, nec praeter Phliasios ulli sunt quorum agri non contingant mare, et extra Peloponnesum Aenianes et Doris et Dolopes soli absunt a mari. quid dicam insulas Graeciae? quae fluctibus cinctae natant paene ipsae simul cum civitatum institutis et moribus. atque haec quidem ut supra dixi veteris sunt Graeciae. coloniarum vero quae est deducta a Graiis in Asiam Thracam Italiam Siciliam Africam praeter unam Magnesiam, quam unda non adluat? ita barbarorum agris quasi adtexta quaedam videtur ora esse Graeciae; nam e barbaris quidem ipsis nulli erant antea maritumi praeter Etruscos et Poenos. alteri mercandi causa, latrocinandi alteri. quae causa perspicua est malorum commutationumque Graeciae propter ea vitia maritimarum urbium quae ante paulo perbreviter adtigi.

sed tamen in his vitiis inest illa magna commoditas, et quod ubique genitum est ut ad eam urbem quam incolas possit adnare, et rursus ut id quod agri efferant sui, quascumque velint in terras portare possint ac mittere.

Qui potuit igitur divinius et utilitates conplecti maritimas Romulus et vitia vitare, quam quod urbem perennis amnis et aequabilis et in mare late influentis posuit in ripa? quo posset urbs et accipere a mari quo egeret, et reddere quo redundaret, eodemque ut flumine res ad victum cultumque maxime necessarias non solum mari absorberet, sed etiam invectas acciperet ex terra, ut mihi iam tum divinasse ille videatur hanc urbem sedem aliquando et domum summo esse imperio praebituram; nam hanc rerum tantam potentiam non ferme facilius alia ulla in parte Italiae posita urbs tenere potuisset.

Urbis autem ipsius nativa praesidia quis est tam neclegens qui non habeat animo notata planeque cognita? cuius is est tractus doctusque muri cum Romuli tum etiam reliquorum regum sapientia definitus, ex omni parte arduis praeruptisque montibus ut unus aditus, qui esset inter Esquilinum Quirinalemque montem, maximo aggere obiecto fossa cingeretur vastissima, atque ut ita munita arx circuitu arduo et quasi circumciso saxo niteretur, ut etiam in illa tempestate horribili Gallici adventus incolumis atque intacta permanserit. locumque delegit et fontibus abundantem et in regione pestilenti salubrem; colles enim sunt, qui cum perflantur ipsi tum adferunt umbram vallibus.

Atque haec quidem percelerite confecit; nam et urbem constituit, quam e suo nomine Romam iussit nominari, et ad firmandam novam civitatem novum quoddam et subagreste consilium, sed ad muniendas opes regni ac populi sui magni hominis et iam tum longe providentis secutus est, cum Sabinas honesto ortas loco virgines, quae Romam ludorum gratia venissent, quos tum primum anniversarios in circo facere instituisset Consualibus, rapi iussit, easque in familiarum amplissimarum matrimoniis collocavit. qua ex causa cum bellum Romanis Sabini intulissent, proeliique certamen varium atque anceps fuisset, cum T. Tatio rege Sabinorum foedus icit, matronis ipsis quae raptae erant orantibus; quo foedere et Sabinos in civitatem adscivit sacris conmunicatis, et regnum suum cum illorum rege sociavit.

Post interitum autem Tatii cum ad eum dominatus omnis reccidisset, quamquam cum Tatio in regium consilium delegerat principes - qui appellati sunt propter caritatem patres - populumque et suo et Tati nomine et Lucomonis, qui Romuli socius in Sabino proelio occiderat, in tribus tris curiasque triginta discripserat - quas curias earum nominibus nuncupavit quae ex Sabinis virgines raptae postea fuerant oratrices pacis et foederis -: sed quamquam ea Tatio sic erant discripta vivo, tamen eo interfecto multo etiam magis Romulus patrum auctoritate consilioque regnavit.

Quo facto primum vidit iudicavitque idem quod Spartae Lycurgus paulo ante viderat, singulari imperio et potestate regia tum melius gubernari et regi civitates, si esset optimi cuiusque ad illam vim dominationis adiuncta auctoritas. itaque hoc consilio et quasi senatu fultus et munitus, et bella cum finitimis felicissime multa gessit, et cum ipse nihil ex praeda domum suam reportaret, locupletare civis non destitit. tum, id quod retinemus hodie magna cum salute rei publicae, auspiciis plurimum obsecutus est Romulus. nam et ipse, quod principium rei publicae fuit, urbem condidit auspicato, et omnibus publicis rebus instituendis, qui sibi adessent in auspiciis, ex singulis tribubus singulos cooptavit augures, et habuit plebem in clientelas principum discriptam - quod quantae fuerit utilitati post videro - multaeque dictione ovium et boum - quod tunc erat res in pecore et locorum possessionibus, ex quo pecuniosi et locupletes vocabantur - non vi et suppliciis coercebat.

Ac Romulus cum septem et triginta regnavisset annos, et haec egregia duo firmamenta rei publicae peperisset, auspicia et senatum, tantum est consecutus, ut cum subito sole obscurato non conparuisset, deorum in numero conlocatus putaretur; quam opinionem nemo umquam mortalis adsequi potuit sine eximia virtutis gloria. atque hoc eo magis est in Romulo admirandum, quod ceteri qui dii ex hominibus facti esse dicuntur, minus eruditis hominum saeculis fuerunt, ut fingendi proclivis esset ratio, cum imperiti facile ad credendum inpellerentur, Romuli autem aetatem minus his sescentis annis iam inveteratis litteris atque doctrinis omnique illo antiquo ex inculta hominum vita errore sublato fuisse cernimus. nam si, id quod Graecorum investigatur annalibus, Roma condita est secundo anno olympiadis septumae, in id saeculum Romuli cecidit aetas, cum iam plena Graecia poetarum et musicorum esset, minorque fabulis nisi de veteribus rebus haberetur fides. nam centum et octo annis postquam Lycurgus leges scribere instituit, prima posita est olympias, quam quidam nominis errore ab eodem Lycurgo constitutam putant; Homerum autem qui minimum dicunt Lycurgi aetati triginta annis anteponunt fere. ex quo intellegi potest permultis annis ante Homerum fuisse quam Romulum, ut iam doctis hominibus ac temporibus ipsis eruditis ad fingendum vix quicquam esset loci. antiquitas enim recepit fabulas fictas etiam non numquam incondite, haec aetas autem iam exculta praesertim eludens omne quod fieri non potest respuit.

*****

us nepos eius, ut dixerunt quidam, ex filia. quo vero ille mortuus, eodem est anno natus Simonides olympiade sexta et quinquagesima, quo facilius intellegi possit tum de Rolmuli [iam] immortalitate creditum, cum iam inveterata vita hominum ac tractata esset et cognita. sed profecto tanta fuit in eo vis ingenii atque virtutis, ut id de Romulo Proculo Iulio homini agresti crederetur, quod multis iam ante saeclis nullo alio de mortali homines credidissent; qui inpulsu patrum, quo illi a se invidiam interitus Romuli pellerent, in contione dixisse fertur, a se visam esse in eo colle Romulum qui nunc Quirinalis vocatur; eum sibi mandasse ut populum rogaret, ut sibi eo in colle delubrum fieret; se deum esse et Quirinum vocari.
 Videtisne igitur unius viri consilio non solum ortum novum populum, neque ut in cunabulis vagientem relictum, sed adultum iam et paene puberem?' tum Laelius: 'nos vero videmus, et te quidem ingressum ratione ad disputandum nova, quae nusquam est in Graecorum libris. nam princeps ille, quo nemo in scribendo praestantior fuit, aream sibi sumpsit, in qua civitatem extrueret arbitratu suo, praeclaram ille quidem fortasse, sed a vita hominum abhorrentem et a moribus; reliqui disseruerunt sine ullo certo exemplari formaque rei publicae de

generibus et de rationibus civitatum; tu mihi videris utrumque facturus: es enim ita ingressus ut quae ipse reperias tribuere aliis malis, quam, ut facit apud Platonem Socrates, ipse fingere, et illa de urbis situ revoces ad rationem quae a Romulo casu aut necessitate facta sunt, et disputes non vaganti oratione sed defixa in una re publica. quare perge ut instituisti; prospicere enim iam videor te reliquos reges persequente quasi perfectam rem publicam.'

'Ergo' inquit Scipio 'cum ille Romuli senatus, qui constabat ex optimatibus, quibus ipse rex tantum tribuisset ut eos patres vellet nominari patriciosque eorum liberos, temptaret post Romuli excessum ut ipse regeret sine rege rem publicam, populus id non tulit, desiderioque Romuli postea regem flagitare non destitit; cum prudenter illi principes novam et inauditam ceteris gentibus interregni ineundi rationem excogitaverunt, ut quoad certus rex declaratus esset, nec sine rege civitas nec diuturno rege esset uno, nec committeretur ut quisquam inveterata potestate aut ad deponendum imperium tardior esset aut ad optinendum munitior. quo quidem tempore novus ille populus vidit tamen id quod fugit Lacedaemonium Lycurgum, qui regem non deligendum duxit, si modo hoc in Lycurgi potestate potuit esse, sed habendum, qualiscumque is foret, qui modo esset Herculi stirpe generatus; nostri illi etiam tum agrestes viderunt virtutem et sapientiam regalem, non progeniem, quaeri oportere.

Quibus cum esse praestantem Numam Pompilium fama ferret, praetermissis suis civibus regem alienigenam patribus auctoribus sibi ipse populus adscivit, eumque ad regnandum Sabinum hominem Romam Curibus accivit. qui ut huc venit, quamquam populus curiatis eum comitiis regem esse iusserat, tamen ipse de suo imperio curiatam legem tulit, hominesque Romanos instituto Romuli bellicis studiis ut vidit incensos, existimavit eos paulum ab illa consuetudine esse revocandos.

Ac primum agros quos bello Romulus ceperat divisit viritim civibus, docuitque sine depopulatione atque praeda posse eos colendis agris abundare commodis omnibus, amoremque eis otii et pacis iniecit, quibus facillime iustitia et fides convalescit, et quorum patrocinio maxime cultus agrorum perceptioque frugum defenditur. idemque Pompilius et auspiciis maioribus inventis ad pristinum numerum duo augures addidit, et sacris e principum numero pontifices quinque praefecit, et animos propositis legibus his quas in monumentis habemus ardentis consuetudine et cupiditate bellandi religionum caerimoniis mitigavit, adiunxitque praeterea flamines Salios virginesque Vestales, omnisque partis religionis statuit sanctissime. sacrorum autem ipsorum diligentiam difficilem, apparatum perfacilem esse voluit; nam quae perdiscenda quaeque observanda essent, multa constituit, sed ea sine inpensa. sic religionibus colendis operam addidit, sumptum removit, idemque mercatus ludos omnesque conveniundi causas et celebritates invenit. quibus rebus institutis ad humanitatem atque mansuetudinem revocavit animos hominum studiis bellandi iam immanis ac feros. Sic ille cum undequadraginta annos summa in pace concordiaque regnavisset, — sequamur enim potissimum Polybium nostrum, quo nemo fuit in exquirendis temporibus diligentior, — excessit e vita, duabus praeclarissimis ad diuturnitatem rei publicae rebus confirmatis, religione atque clementia.'

Quae cum Scipio dixisset, 'verene' inquit Manilius 'hoc memoriae proditum est Africane, regem istum Numam Pythagorae ipsius discipulum aut certe Pythagoreum fuisse? saepe enim hoc de maioribus natu audivimus, et ita intellegimus vulgo existimari; neque vero satis id annalium publicorum auctoritate declaratum videmus.' tum Scipio: 'falsum est enim Manili' inquit 'id totum, neque solum fictum sed etiam imperite absurdeque fictum; ea sunt enim demum non ferenda mendacia, quae non solum ficta esse sed ne fieri quidem potuisse cernimus. nam quartum iam annum regnante Lucio Tarquinio Superbo Sybarim et Crotonem et in eas Italiae partis Pythagoras venisse reperitur; olympias enim secunda et sexagesima eadem Superbi regni initium et Pythagorae declarat adventum. ex quo intellegi regiis annis dinumeratis potest anno fere centesimo et quadragesimo post mortem Numae primum Italiam Pythagoram attigisse; neque hoc inter eos qui diligentissime persecuti sunt temporum annales, ulla est umquam in dubitatione versatum.' 'di inmortales' inquit Manilius, 'quantus iste est hominum et quam inveteratus error! ac tamen facile patior non esse nos transmarinis nec

inportatis artibus eruditos, sed genuinis domesticisque
virtutibus.' 'atqui multo id facilius cognosces,' inquit Africanus,
'si progredientem rem publicam atque in optimum statum
naturali quodam itinere et cursu venientem videris; quin hoc
ipso sapientiam maiorum statues esse laudandam, quod multa
intelleges etiam aliunde sumpta meliora apud nos multo esse
facta, quam ibi fuissent unde huc translata essent atque ubi
primum extitissent, intellegesque non fortuito populum
Romanum sed consilio et disciplina confirmatum esse, nec
tamen adversante fortuna.

Mortuo rege Pompilio Tullum Hostilium populus regem
interrege rogante comitiis curiatis creavit, isque de imperio
exemplo Pompili populum consuluit curiatim. cuius excellens in
re militari gloria magnaeque extiterunt res bellicae, fecitque
idem et saepsit de manubis comitium et curiam, constituitque
ius quo bella indicerentur, quod per se iustissime inventum
sanxit fetiali religione, ut omne bellum quod denuntiatum
indictumque non esset, id iniustum esse atque inpium
iudicaretur.et ut advertatis animum quam sapienter iam reges
hoc nostri viderint tribuenda quaedam esse populo — multa
enim nobis de eo genere dicenda sunt — , ne insignibus quidem
regiis Tullus nisi iussu populi est ausus uti. nam ut sibi
duodecim lictores cum fascibus anteire liceret

*****

(Laelius?) 'neque) enim serpit sed volat in optimum statum
instituto tuo sermone res publica.' (Scipio) 'post eum Numae
Pompili nepos ex filia rex a populo est Ancus Marcius
constitutus, itemque de imperio suo legem curiatam tulit. qui
cum Latinos bello devicisset, adscivit eos in civitatem, atque
idem Aventinum et Caelium montem adiunxit urbi, quosque
agros ceperat divisit, et silvas maritimas omnis publicavit quas
ceperat, et ad ostium Tiberis urbem condidit colonisque
firmavit.atque ita cum tres et viginti regnavisset annos, est
mortuus.' tum Laelius: 'laudandus etiam iste rex; sed obscura
est historia Romana, siquidem istius regis matrem habemus,
ignoramus patrem.' (Scipio) 'ita est' inquit; 'sed temporum
illorum tantum fere regum inlustrata sunt nomina.

Sed hoc loco primum videtur insitiva quadam disciplina doctior facta esse civitas. influxit enim non tenuis quidam e Graecia rivulus in hanc urbem, sed abundantissimus amnis illarum disciplinarum et artium. fuisse enim quendam ferunt Demaratum Corinthium, et honore et auctoritate et fortunis facile civitatis suae principem; qui cum Corinthiorum tyrannum Cypselum ferre non potuisset, fugisse cum magna pecunia dicitur ac se contulisse Tarquinios, in urbem Etruriae florentissimam. cumque audiret dominationem Cypseli confirmari, defugit patriam vir liber ac fortis, et adscitus est civis a Tarquiniensibus atque in ea civitate domicilium et sedes collocavit. ubi cum de matre familias Tarquiniensi duo filios procreavisset, omnibus eos artibus ad Graecorum disciplinam eru

*****

(Scipio) facile in civitatem receptus esset, propter humanitatem atque doctrinam Anco regi familiaris est factus usque eo ut consiliorum omnium particeps et socius paene regni putaretur. erat in eo praeterea summa comitas, summa in omnis civis opis, auxilii, defensionis, largiendi etiam benignitas. itaque mortuo Marcio cunctis populi suffragiis rex est creatus L. Tarquinius; sic enim suum nomen ex Graeco nomine inflexerat, ut in omni genere huius populi consuetudinem videretur imitatus. isque ut de suo imperio legem tulit, principio duplicavit illum pristinum patrum numerum, et antiquos patres maiorum gentium appellavit, quos priores sententiam rogabat, a se adscitos minorum. Deinde equitatum ad hunc morem constituit qui usque adhuc est retentus, nec potuit Titiensium et Rhamnensium et Lucerum mutare cum cuperet nomina, quod auctor ei summa augur gloria Attus Navius non erat. atque etiam Corinthios video publicis equis adsignandis et alendis orborum et viduarum tributis fuisse quondam diligentis. sed tamen prioribus equitum partibus secundis additis MDCCC fecit equites numerumque duplicavit. postea bello subegit Aequorum magnam gentem et ferocem et rebus populi Romani imminentem, idemque Sabinos cum a moenibus urbis reppulisset, equitatu fudit belloque devicit, atque eundem

primum ludos maximos, qui Romani dicti sunt, fecisse
accepimus, aedemque in Capitolio Iovi optimo maximo bello
Sabino in ipsa pugna vovisse faciendam, mortuumque esse cum
duodequadraginta regnavisset annos.'

Tum Laelius: 'nunc fit illud Catonis certius, nec temporis unius
nec hominis esse constitutionem nostrae rei publicae;
perspicuum est enim, quanta in singulos reges rerum bonarum
et utilium fiat accessio. sed sequitur is qui mihi videtur ex
omnibus in re publica vidisse plurimum.' 'ita est' inquit
Scipio. 'nam post eum Servius Tullius primus iniussu populi
regnavisse traditur, quem ferunt ex serva Tarquiniensi natum,
cum esset ex quodam regis cliente conceptus. qui cum
famulorum in numero educatus ad epulas regis adsisteret, non
latuit scintilla ingenii quae iam tum elucebat in puero; sic erat in
omni vel officio vel sermone sollers. itaque Tarquinius, qui
admodum parvos tum haberet liberos, sic Servium diligebat, ut
is eius vulgo haberetur filius, atque eum summo studio
omnibus iis artibus quas ipse didicerat ad exquisitissimam
consuetudinem Graecorum erudiit. sed cum Tarquinius insidiis
Anci filiorum interisset, Serviusque ut ante dixi regnare
coepisset, non iussu sed voluntate atque concessu civium, quod
cum Tarquinius ex vulnere aeger fuisse et vivere falso diceretur,
ille regio ornatu ius dixisset obaeratosque pecunia sua
liberavisset, multaque comitate usus iussu Tarquinii se ius
dicere probavisset, non commisit se patribus, sed Tarquinio
sepulto populum de se ipse consuluit, iussusque regnare legem
de imperio suo curiatam tulit. et primum Etruscorum iniurias
bello est ultus; ex quo cum ma

*****

(Scipio) duodeviginti censu maximo. deinde equitum magno
numero ex omni populi summa separato, relicuum populum
distribuit in quinque classis, senioresque a iunioribus divisit,
easque ita disparavit ut suffragia non in multitudinis sed in
locupletium potestate essent, curavitque, quod semper in re
publica tenendum est, ne plurimum valeant plurimi. quae
discriptio si esset ignota vobis, explicaretur a me; nunc rationem
videtis esse talem, ut equitum centuriae cum sex suffragiis et

prima classis, addita centuria quae ad summum usum urbis fabris tignariis est data, LXXXVIIII centurias habeat; quibus e centum quattuor centuriis — tot enim reliquae sunt — octo solae si accesserunt, confecta est vis populi universa, reliquaque multo maior multitudo sex et nonaginta centuriarum neque excluderetur suffragiis, ne superbum esset, nec valeret nimis, ne esset periculosum. in quo etiam verbis ac nominibus ipsis fuit diligens; qui cum locupletis assiduos appellasset ab asse dando, eos qui aut non plus mille quingentos aeris aut omnino nihil in suum censum praeter caput attulissent, proletarios nominavit, ut ex iis quasi proles, id est quasi progenies civitatis, expectari videretur. illarum autem sex et nonaginta centuriarum in una centuria tum quidem plures censebantur quam paene in prima classe tota. ita nec prohibebatur quisquam iure suffragii, et is valebat in suffragio plurimum, cuius plurimum intererat esse in optimo statu civitatem. quin etiam accensis velatis cornicinibus proletariis

*****

statuo esse optume constitutam rem publicam, quae ex tribus generibus illis, regali et optumati et populari, confusa modice nec puniendo inritet animum inmanem ac ferum (Fremdzitat) (Scipio) sexaginta annis antiquior, quod erat XXXVIIII ante primam olympiadem condita. et antiquissimus ille Lycurgus eadem vidit fere. itaque ista aequabilitas atque hoc triplex rerum publicarum genus videtur mihi commune nobis cum illis populis fuisse. sed quod proprium sit in nostra re publica, quo nihil possit esse praeclarius, id persequar si potero subtilius; quod erit eius modi, nihil ut tale ulla in re publica reperiatur. haec enim quae adhuc eui ita mixta fuerunt et in hac civitate et in Lacedaemoniorum et in Karthaginiensium, ut temperata nullo fuerint modo. nam in qua re publica est unus aliquis perpetua potestate, praesertim regia, quamvis in ea sit et senatus, ut tum fuit Romae cum erant reges, ut Spartae Lycurgi legibus, et ut sit aliquod etiam populi ius, ut fuit apud nostros reges, tamen illud excellit regium nomen, neque potest eius modi res publica non regnum et esse et vocari. ea autem forma civitatis mutabilis maxime est hanc ob causam. quod unius vitio praecipitata in perniciosissimam partem facillime decidit. nam ipsum regale genus civitatis non modo non est reprehendendum, sed haud scio an reliquis simplicibus longe anteponendum, si ullum probarem simplex rei publicae genus, sed ita quoad statum suum retineat. is est autem status, ut unius perpetua potestate et iustitia uniusque sapientia regatur salus et aequabilitas et otium civium. desunt omnina ei populo multa qui sub rege est, in primisque libertas, quae non in eo est ut iusto utamur domino, sed ut nullo

*****

 (Scipio) ferebant. etenim illi iniusto domino atque acerbo aliquamdiu in rebus gerundis prospere fortuna comitata est. nam et omne Latium bello devicit, et Suessam Pometiam urbem opulentam refertamque cepit, et maxima auri argentique praeda locupletatus votum patris Capitolii aedificatione persolvit, et colonias deduxit, et institutis eorum a quibus ortus erat dona magnifica quasi libamenta praedarum Delphos ad Apollinem misit.
 Hic ille iam vertetur orbis, cuius naturalem motum atque circuitum a primo discite adgnoscere. id enim est caput civilis prudentiae, in qua omnis haec nostra versatur oratio, videre itinera flexusque rerum publicarum, ut cum sciatis quo quaeque res inclinet, retinere aut ante possitis occurrere. nam rex ille de quo loquor, primum optimi regis caede maculatus integra so mente non erat, et cum metueret ipse poenam sceleris sui summam, metui se volebat; deinde victoriis divitiisque subnixus exultabat insolentia, neque suos mores regere poterat neque suorum libidines. itaque cum maior eius filius Lucretiae Tricipitini filiae Conlatini uxori vim attulisset, mulierque pudens et nobilis ob illam iniuriam sese ipsa morte multavisset, tum vir ingenio et virtute praestans L. Brutus depulit a civibus suis iniustum illud durae servitutis iugum. qui cum privatus esset, totam rem publicam sustinuit, primusque in hac civitate docuit in conservanda civium libertate esse privatum neminem. quo auctore et principe concitata civitas et hac recenti querella Lucretiae patris ac propinquorum, et recordatione superbiae Tarquinii multarumque iniuriarum et ipsius et

filiorum, exulem et regem ipsum et liberos eius et gentem
Tarquiniorum esse iussit.

Videtisne igitur ut de rege dominus extiterit, uniusque vitio
genus rei publicae ex bono in deterrimum conversum sit? hic est
enim dominus populi quem Graeci tyrannum vocant; nam
regem illum volunt esse, qui consulit ut parens populo,
conservatque eos quibus est praepositus quam optima in
condicione vivendi, sane bonum ut dixi rei publicae genus. sed
tamen inclinatum et quasi pronum ad perniciosissimum
statum. simul atque enim se inflexit hic rex in dominatum
iniustiorem, fit continuo tyrannus, quo neque taetrius neque
foedius nec dis hominibusque invisius animal ullum cogitari
potest; qui quamquam figura est hominis, morum tamen
inmanitate vastissimas vincit beluas. quis enim hunc hominem
rite dixerit, qui sibi cum suis civibus, qui denique cum omni
hominum genere nullam iuris communionem, nullam
humanitatis societatem velit? sed erit hoc de genere nobis alius
aptior dicendi locus, cum res ipsa admonuerit ut in eos dicamus
qui etiam liberata iam civitate dominationes adpetiverunt.

Habetis igitur primum ortum tyranni; nam hoc nomen Graeci
regis iniusti esse voluerunt; nostri quidem omnes reges
vocitaverunt qui soli in populos perpetuam potestatem
haberent. itaque et Spurius Cassius et M. Manlius et Spurius
Maelius regnum occupare voluisse dicti sunt, et modo

*****

(Scipio) Lacedaemone appellavit, nimis is quidem paucos,
XXVIII, quos penes summam consilii voluit esse, cum imperii
summam rex teneret; ex quo nostri idem illud secuti atque
interpretati, quos senes ille appellavit, nominaverunt senatum,
ut iam Romulum patribus lectis fecisse diximus; tamen excellit
atque eminet vis potestas nomenque regium. inperti etiam
populo potestatis aliquid, ut et Lycurgus et Romulus: non
satiaris eum libertate, sed incenderis cupiditate libertatis, cum
tantum modo potestatem gustandi feceris; ille quidem semper
inpendebit timor, ne rex, quod plerumque evenit, exsistat
iniustus. est igitur fragilis ea fortuna populi, quae posita est in
unius ut dixi antea voluntate vel moribus.

Quare prima sit haec forma et species et origo tyranni inventa nobis in ea re publica quam auspicato Romulus condiderit, non in illa quam ut perscripsit Plato sibi ipse Socrates perpolito illo in sermone depinxerit, ut, quem ad modum Tarquinius, non novam potestatem nactus, sed quam habebat usus iniuste, totum genus hoc regiae civitatis everterit; sit huic oppositus alter, bonus et sapiens et peritus utilitatis dignitatisque civilis, quasi tutor et procurator rei publicae; sic enim appelletur quicumque erit rector et gubernator civitatis. quem virum facite ut agnoscatis; iste est enim qui consilio et opera civitatem tueri potest. quod quoniam nomen minus est adhuc tritum sermone nostro, saepiusque genus eius hominis erit in reliqua nobis oratione tractandum

*****

(Scipio) causas requisivit, civitatemque optandam magis quam sperandam, quam minimam potuit, non quae posset esse, sed in qua ratio rerum civilium perspici posset, effecit. ego autem, si modo consequi potuero, rationibus eisdem quas ille vidit non in umbra et imagine civitatis sed in amplissima re publica enitar, ut cuiusque et boni publici et mali causam tamquam virgula videar attingere. iis enim regiis quadraginta annis et ducentis paulo cum interregnis fere amplius praeteritis, pulsoque Tarquinio, tantum odium populum Romanum regalis nominis tenuit, quantum tenuerat post obitum vel potius excessum Romuli desiderium. itaque ut tum carere rege, sic pulso Tarquinio nomen regis audire non poterat. hic facultatem cum

*****

(Scipio) lex illa tota sublata est. hac mente tum nostri maiores et Conlatinum innocentem suspicione cognationis expulerunt, et reliquos Tarquinios offensione nominis, eademque mente P. Valerius et fasces primus demitti iussit, cum dicere in contione coepisset, et aedis suas detulit sub Veliam, posteaquam, quod in excelsiore loco Veliae coepisset aedificare eo ipso ubi ac rex Tullus habitaverat, suspicionem populi sensit moveri; idemque, in quo fuit Publicola maxime, legem ad populum tulit eam quae centuriatis comitiis prima lata est, ne quis magistratus civem Romanum adversus provocationem necaret neve verberaret. provocationem autem etiam a regibus fuisse declarant pontificii libri, significant nostri etiam augurales, itemque ab omni iudicio poenaque provocari licere indicant XII tabulae conpluribus legibus, et quod proditum memoriae est, X viros qui leges scripserint sine provocatione creatos, satis ostendit reliquos sine provocatione magistratus non fuisse, Lucique Valeri Potiti et M. Horati Barbati, hominum concordiae causa sapienter popularium, consularis lex sanxit ne qui magistratus sine provocatione crearetur, neque vero leges Porciae, quae tres sunt trium Porciorum ut scitis, quicquam praeter sanctionem attulerunt novi. itaque Publicola lege illa de provocatione perlata statim securis de fascibus demi iussit, postridieque sibi collegam Sp. Lucretium subrogavit, suosque ad eum quod erat maior natu lictores transire iussit, instituitque primus ut singulis consulibus alternis mensibus lictores praeirent, ne plura insignia essent inperii in libero populo quam in regno fuissent.haud mediocris hic ut ego quidem intellego vir fuit, qui modica libertate populo data facilius genuit auctoritatem principum.neque ego haec nunc sine causa tam vetera vobis et tam obsoleta decanto, sed inlustribus in personis temporibusque exempla hominum rerumque definio, ad quae reliqua oratio dirigatur mea.

Genuit igitur hoc in statu senatus rem publicam temporibus illis, ut in populo libero pauca per populum, pleraque senatus auctoritate et instituto ac more gererentur, atque uti consules potestatem haberent tempore dumtaxat annuam, genere ipso ac iure regiam, quodque erat ad obtinendam potentiam nobilium vel maximum, vehementer id retinebatur, populi comitia ne essent rata nisi ea patrum adprobavisset auctoritas. atque his ipsis temporibus dictator etiam est institutus decem fere annis post primos consules, T. Larcius, novumque id genus imperii visum est et proximum similitudini regiae. sed tamen omnia summa cum auctoritate a principibus cedente populo tenebantur, magnaeque res temporibus illis a fortissimis viris summo imperio praeditis, dictatoribus atque consulibus, belli gerebantur.

Sed id quod fieri natura rerum ipsa cogebat, ut plusculum sibi

iuris populus adscisceret liberatus a regibus, non longo intervallo, sexto decimo fere anno, Postumo Cominio Sp. Cassio consulibus consecutus est; in quo defuit fortasse ratio, sed tamen vincit ipsa rerum publicarum natura saepe rationem. id enim tenetote quod initio dixi, nisi aequabilis haec in civitate conpensatio sit et iuris et officii et muneris, ut et potestatis satis in magistratibus et auctoritatis in principum consilio et libertatis in populo sit, non posse hunc incommutabilem rei publicae conservari statum. nam cum esset ex aere alieno commota civitas, plebs montem sacrum prius, deinde Aventinum occupavit. ac ne Lycurgi quidem disciplina genuit illos in hominibus Graecis frenos; nam etiam Spartae regnante Theopompo sunt item quinque illi quos ephoros appellant, in Creta autem decem, qui cosmoe vocantur, ut contra consulare imperium tribuni plebis, sic illi contra vim regiam constituti. Fuerat fortasse aliqua ratio maioribus nostris in illo aere alieno medendi, quae neque Solonem Atheniensem non longis temporibus ante fugerat, neque post aliquanto nostrum senatum, cum sunt propter unius libidinem omnia nexa civium liberata nectierque postea desitum, semperque huic oneri, cum plebes publica calamitate inpendiis debilitata deficeret, salutis omnium causa aliqua sublevatio et medicina quaesita est. quo tum consilio praetermisso causa populo nata est, duobus tribunis plebis per seditionem creatis, ut potentia senatus atque auctoritas minueretur; quae tamen gravis et magna remanebat, sapientissimis et fortissimis et armis et consilio civitatem tuentibus, quorum auctoritas maxime florebat, quod cum honore longe antecellerent ceteris, voluptatibus erant inferiores nec pecuniis ferme superiores; eoque erat cuiusque gratior in re publica virtus, quod in rebus privatis diligentissime singulos cives opera consilio re tuebantur.
 Quo in statu rei publicae Sp. Cassium de occupando regno molientem, summa apud populum gratia florentem, quaestor accusavit, eumque ut audistis cum pater in ea culpa esse conperisse se dixisset, cedente populo morte mactavit. gratamque etiam illam legem quarto circiter et quinquagesimo anno post primos consules de multa et sacramento Sp. Tarpeius et A. Aternius consules comitiis centuriatis tulerunt. annis postea XX ex eo quod L. Papirius P.

Pinarius censores multis dicendis vim armentorum a privatis in publicum averterant, levis aestumatio pecudum in multa lege C. Iuli P. Papiri consulum constituta est.

Sed aliquot ante annis, cum summa esset auctoritas in senatu populo patiente atque parente, inita ratio est ut et consules et tribuni plebis magistratu se abdicarent, atque ut X viri maxima potestate sine provocatione crearentur, qui et summum imperium haberent et leges scriberent. qui cum X tabulas legum summa aequitate prudentiaque conscripsissent, in annum posterum decemviros alios subrogaverunt, quorum non similiter fides nec iustitia laudata. quo tamen e collegio laus est illa eximia C. Iuli, qui hominem nobilem L. Sestium, cuius in cubiculo ecfossum esse se praesente corpus mortuum diceret, cum ipse potestatem summam haberet quod decemvirum unus sine provocatione esset, vades tamen poposcit, quod se legem illam praeclaram neglecturum negaret, quae de capite civis Romani nisi comitiis centuriatis statui vetaret.

Tertius est annus decemviralis consecutus, cum idem essent nec alios subrogare voluissent. in hoc statu rei publicae, quem dixi iam saepe non posse esse diuturnum, quod non esset in omnis ordines civitatis aequabilis, erat penes principes tota res publica, praepositis X viris nobilissimis, non oppositis tribunis plebis, nullis aliis adiunctis magistratibus, non provocatione ad populum contra necem et verbera relicta. ergo horum ex iniustitia subito exorta est maxima perturbatio et totius commutatio rei publicae; qui duabus tabulis iniquarum legum additis, quibus etiam quae diiunctis populis tribui solent conubia, haec illi ut ne plebei cum patribus essent, inhumanissima lege sanxerunt, quae postea plebiscito Canuleio abrogata est, libidinose[que] omni imperio et acerbe et avare populo praefuerunt. nota scilicet illa res et celebrata monumentis plurimis litterarum, cum Decimus quidam Verginius virginem filiam propter unius ex illis X viris intemperiem in foro sua manu interemisset, ac maerens ad exercitum qui tum erat in Algido confugisset, milites bellum illud quod erat in manibus reliquisse, et primum montem sacrum, sicut erat in simili causa antea factum, deinde Aventinum ar
*****

(Scipio) maiores nostros et probavisse maxime et retinuisse sapientissime iudico.'

Cum ea Scipio dixisset silentioque omnium reliqua eius expectaretur oratio, tum Tubero: 'quoniam nihil ex te Africane hi maiores natu requirunt, ex me audies quid in oratione tua desiderem.' 'sane' inquit Scipio, 'et libenter quidem.' tum ille (Tubero): 'laudavisse mihi videris nostram rem publicam, cum ex te non de nostra sed de omni re publica quaesisset Laelius.nec tamen didici ex oratione tua, istam ipsam rem publicam quam laudas qua disciplina quibus moribus aut legibus constituere vel conservare possimus.'

Hic Africanus: 'puto nobis mox de instituendis et conservandis civitatibus aptiorem Tubero fore disserundi locum; de optimo autem statu equidem arbitrabar me satis respondisse ad id quod quaesierat Laelius. primum enim numero definieram genera civitatum tria probabilia, perniciosa autem tribus illis totidem contraria, nullumque ex eis unum esse optimum, sed id praestare singulis quod e tribus primis esset modice temperatum. quod autem exemplo nostrae civitatis usus sum, non ad definiendum optimum statum valuit—nam id fieri potuit sine exemplo—, sed ut in civitate maxima reapse cerneretur, quale esset id quod ratio oratioque describeret. sin autem sine ullius populi exemplo genus ipsum exquiris optimi status, naturae imagine utendum est nobis, quoniam tu hanc imaginem urbis et populi ni

*****

(Scipio) 'quem iandudum quaero et ad quem cupio pervenire.' (Laelius) 'prudentem fortasse quaeris?' tum ille (Scipio): 'istum ipsum' (Laelius) 'est tibi ex eis ipsis qui adsunt bella copia, velut a te ipso ordiare.' tum Scipio: 'atque utinam ex omni senatu pro rata parte esset! sed tamen est ille prudens, qui, ut saepe in Africa vidimus, immani et vastae insidens beluae, coercet et regit [beluam] quocumque volt et levi admonitu aut tactu inflectit illam feram.' (Laelius) 'novi et tibi cum essem legatus saepe vidi.' (Scipio) 'ergo ille Indus aut Poenus unam coercet beluam, et eam docilem et humanis moribus adsuetam; at vero ea quae latet in animis hominum quaeque pars animi

mens vocatur, non unam aut facilem ad subigendum frenat et
domat beluam, si quando id efficit, quod perraro
potest. namque et illa tenenda est ferox

*****

dici possit'. tum Laelius: 'video iam, illum quem expectabam
virum cui praeficias officio et muneri.'
'huic scilicet' Africanus 'uni paene — nam in hoc fere uno sunt
cetera —, ut numquam a se ipso instituendo contemplandoque
discedat, ut ad imitationem sui vocet alios, ut sese splendore
animi et vitae suae sicut speculum praebeat civibus. ut enim in
fidibus aut tibiis atque ut in cantu ipso ac vocibus concentus est
quidam tenendus ex distinctis sonis, quem inmutatum aut
discrepantem aures eruditae ferre non possunt, isque concentus
ex dissimillimarum vocum moderatione concors tamen efficitur
et congruens, sic ex summis et infimis et mediis interiectis
ordinibus ut sonis moderata ratione civitas con

*****

(Philus) 'plenam esse iustitiae.' tum Scipio: 'adsentior vero
renuntioque vobis, nihil esse quod adhuc de re publica dictum
putemus, aut quo possimus longius progredi, nisi erit
confirmatum, non modo falsum illud esse, sine iniuria non
posse, sed hoc verissimum esse, sine summa iustitia rem
publicam geri nullo modo posse. sed, si placet, in hunc diem
hactenus; reliqua — satis enim multa restant — differamus in
crastinum.'
Cum ita placuisset, finis disputandi in eum diem factus est.

LIBER TERTIVS

et vehiculis tarditati, eademque cum accepisset homines
inconditis vocibus inchoatum quiddam et confusum sonantes,
incidit has et distinxit in partis, et ut signa quaedam sic verba
rebus inpressit, hominesque antea dissociatos iucundissimo
inter se sermonis vinculo conligavit. a simili etiam mente vocis
qui videbantur infiniti soni paucis notis inventis sunt omnes

106

signati et expressi, quibus et conloquia cum absentibus et indicia voluntatum et monumenta rerum praeteritarum tenerentur. accessit eo numerus, res cum ad vitam necessaria tum una inmutabilis et aeterna; quae prima inpulit etiam ut suspiceremus in caelum, nec frustra siderum motus intueremur, dinumerationibusque noctium ac dierum

*****

quorum animi altius se extulerunt, et aliquid dignum dono ut ante dixi deorum aut efficere aut excogitare potuerunt. quare sint nobis isti qui de ratione vivendi disserunt magni homines (ut sunt), sint eruditi, sint veritatis et virtutis magistri, dam modo sit haec quaedam, sive a viris in rerum publicarum varietate versatis inventa, sive etiam in istorum otio ac litteris tractata, res (sicut est) minime quidem contemnenda, ratio civilis et disciplina populorum, quae perficit in bonis ingeniis, id quod iam persaepe perfecit, ut incredibilis quaedam et divina virtus exsisteret. quodsi quis ad ea instrumenta animi, quae natura quaeque civilibus institutis habuit, adiungendam sibi etiam doctrinam et uberiorem rerum cognitionem putavit, ut ii ipsi qui in horum librorum disputatione versantur, nemo est quin eos anteferre omnibus debeat. quid enim potest esse praeclarius, quam cum rerum magnarum tractatio atque usus cum illarum artium studiis et cognitione coniungitur? aut quid P. Scipione, quid C. Laelio, quid L. Philo perfectius cogitari potest? qui, ne quid praetermitterent quod ad summam laudem clarorum virorum pertineret, ad domesticum maiorumque morem etiam hanc a Socrate adventiciam doctrinam adhibuerunt. quare qui utrumque voluit et potuit, id est ut cum maiorum institutis tum doctrina se instrueret, ad laudem hunc omnia consecutum puto. sin altera sit utra via prudentiae deligenda, tamen, etiamsi cui videbitur illa in optimis studiis et artibus quieta vitae ratio beatior, haec civilis laudabilior est certe et inlustrior, ex qua vita sic summi viri ornantur, ut vel M'. Curius,
'Quem nemo ferro potuit superare nec auro', vel

*****

cui nemo civis neque hostis
Quibit pro factis reddere opis pretium.

fuisse sapientiam, tamen hoc in ratione utriusque generis
interfuit, quod illi verbis et artibus aluerunt naturae principia, hi
autem institutis et legibus. pluris vero haec tulit una civitas, si
minus sapientis quoniam id nomen illi tam restricte tenent, at
certe summa laude dignos, quoniam sapientium praecepta et
inventa coluerunt. atque etiam, quot et sunt laudandae civitates
et fuerunt—quoniam id est in rerum natura longe maximi
consili, constituere eam rem publicam quae possit esse diuturna
—, si singulos numeremus in singulas, quanta iam reperiatur
virorum excellentium multitudo! quodsi aut Italiae Latium, aut
eiusdem Sabinam aut Volscam gentem, si Samnium, si
Etruriam, si magnam illam Graeciam conlustrare animo
voluerimus, si deinde Assyrios, si Persas, si Poenos, ei haec

*****

cati.' et Philus: 'praeclaram vero causam ad me defertis, cum me
improbitatis patrocinium suscipere voltis.' 'atqui id tibi' inquit
Laelius 'verendum est, si ea dixeris quae contra iustitiam dici
solent, ne sic etiam sentire videare! cum et ipse sis quasi unicum
exemplum antiquae probitatis et fidei, nec sit ignota consuetudo
tua contrarias in partis disserendi, quod ita facillume verum
inveniri putes.' et Philus: 'heia vero' inquit, 'geram morem vobis
et me oblinam sciens; quod quoniam qui aurum quaerunt non
putant sibi recusandum, nos cum iustitiam quaeramus, rem
multo omni auro cariorem, nullam profecto molestiam fugere
debemus. atque utinam, quem ad modum oratione sum usurus
aliena, sic mihi ore uti liceret alieno! nunc ea dicenda sunt L.
Furio Philo, quae Carneades, Graecos homo et consuetus quod
commodum esset verbis'

*****

(Philus) 'et reperiret et tueretur, alter autem de ipsa iustitia
quattuor implevit sane grandis libros. nam ab Chrysippo nihil
magnum nec magnificum desideravi, qui suo quodam more

108

loquitur, ut omnia verborum momentis, non rerum ponderibus examinet. illorum fuit heroum, eam virtutem, quae est una, si modo est, maxime munifica et liberalis, et quae omnis magis quam sepse diligit, aliis nata potius quam siti, excitare iacentem et in illo divino solio non longe a sapientia conlocare. nec vero illis aut voluntas defuit—quae enim iis scribendi alia causa aut quod omnino consilium fuit?—aut ingenium, quo omnibus praestiterunt; sed eorum et voluntatem et copiam causa vicit. ius enim de quo quaerimus civile est aliquod, naturale nullum; nam si esset, ut calida et frigida et amara et dulcia, sic essent iusta et iniusta eadem omnibus.

Nunc autem, si quis illo Pacuviano 'invehens alitum anguium curru' multas et varias gentis et urbes despicere et oculis conlustrare possit, videat primum in illa incorrupta maxume gente Aegyptiorum, quae plurimorum saeculorum et eventorum memoriam litteris continet, bovem quendam putari deum, quem Apim Aegyptii nominant, multaque alia portenta apud eosdem et cuiusque generis beluas numero consecratas deorum; deinde Graeciae sicut apud nos delubra magnifica humanis consecrata simulacris, quae Persae nefaria putaverunt, eamque unam ob causam Xerxes inflammari Atheniensium fana iussisse dicitur, quod deos, quorum domus esset omnis hic mundus, inclusos parietibus contineri nefas esse duceret. post autem cum Persis et Philippus, qui cogitavit, et Alexander, qui gessit, hanc bellandi causam inferebat, quod vellet Graeciae fana poenire; quae ne reficienda quidem Grai putaverunt, ut esset posteris ante os documentum Persarum sceleris sempiternum. quam multi, ut Tauri in Axino, ut rex Aegypti Busiris, ut Galli, ut Poeni, homines immolare et pium et diis immortalibus gratissumum esse duxerunt! vitae vero instituta sic distant, ut Cretes et Aetoli latrocinari honestum putent, Lacedaemonii suos omnis agros esse dictitarint quos spiculo possent attingere. Athenienses iurare etiam publice solebant omnem suam esse terram quae oleam frugesve ferret; Galli turpe esse ducunt frumentum manu quaerere, itaque armati alienos agros demetunt; nos vero iustissimi homines, qui Transalpinas gentis oleam et vitem serere non sinimus, quo pluris sint nostra oliveta nostraeque vineae; quod cum faciamus, prudenter facere dicimur, iuste non dicimur, ut intellegatis discrepare ab aequitate sapientiam. Lycurgus autem, ille legum optumarum et aequissumi iuris inventor, agros locupletium plebi ut servitio colendos dedit.

Genera vero si velim iuris institutorum morum consuetudinumque describere, non modo in tot gentibus varia, sed in una urbe, vel in hac ipsa, milliens mutata demonstrem, ut hic iuris noster interpres alia nunc Manilius iura dicat esse de mulierum legatis et hereditatibus, alia solitus sit adulescens dicere nondum Voconia lege lata; quae quidem ipsa lex utilitatis virorum gratia rogata in mulieres plena est iniuriae. cur enim pecuniam non habeat mulier? cur virgini Vestali sit heres, non sit matri suae? cur autem, si pecuniae modus statuendus fuit feminis, P. Crassi filia posset habere, si unica patri esset, aeris milliens salva lege, mea triciens non posset'

*****

(Philus) 'sanxisset iura nobis, et omnes isdem et idem non alias aliis uterentur. quaero autem, si iusti hominis et si boni est viri parere legibus, quibus? an quaecumque erunt? at nec inconstantiam virtus recipit, nec varietatem natura patitur, legesque poena, non iustitia nostra comprobantur; nihil habet igitur naturale ius; ex quo illud efficitur, ne iustos quidem esse natura. an vero in legibus varietatem esse dicunt, natura autem viros bonos eam iustitiam sequi quae sit, non eam quae putetur? esse enim hoc boni viri et iusti, tribuere id cuique quod sit quoque dignum. ecquid ergo primum mutis tribuemus beluis? non enim mediocres viri sed maxumi et docti, Pythagoras et Empedocles, unam omnium animantium condicionem iuris esse denuntiant, clamantque inexpiabilis poenas impendere iis a quibus violatum sit animal. scelus est igitur nocere bestiae, quod scelus qui velit'

*****   .

(Philus) 'sunt enim omnes, qui in populum vitae necisque potestatem habent, tyranni, sed se Iovis optimi nomine malunt reges vocari. cum autem certi propter divitias aut genus aut aliquas opes rem publicam tenent, est factio, sed vocantur illi

110

optimates. si vero populus plurimum potest, omniaque eius arbitrio geruntur, dicitur illa libertas, est vero licentia. sed cum alius alium timet, et homo hominem et ordo ordinem, tum quia sibi nemo confidit, quasi pactio fit inter populum et potentis; ex quo existit id, quod Scipio laudabat, coniunctum civitatis genus; etenim iustitiae non natura nec voluntas sed inbecillitas mater est. nam cum de tribus unum est optandum, aut facere iniuriam nec accipere, aut et facere et accipere, aut neutrum, optumum est facere, impune si possis, secundam nec facere nec pati, miserrimum digladiari semper tum faciendis tum accipiendis iniuriis. ita qui primum illud adsequi'

*****

(Philus) 'omni mementote. sapientia iubet augere opes, amplificare divitias, proferre fines — unde enim esset illa laus in summorum imperatorum incisa monumentis 'finis imperii propagavit', nisi aliquid de alieno accessisset? — imperare quam plurimis, frui voluptatibus, pollere regnare dominari; iustitia autem praecipit parcere omnibus, consulere generi hominum, suum cuique reddere, sacra publica aliena non tangere. quid igitur efficitur si sapientiae pareas? divitiae, potestates, opes, honores, imperia, regna vel privatis vel populis. sed quoniam de re publica loquimur, suntque inlustriora quae publice fiunt, quoniamque eadem est ratio iuris in utroque, de populi sapientia dicendum puto, et ut iam omittam alios: noster hic populus, quem Africanus hesterno sermone a stirpe repetivit, cuius imperio iam orbis terrae tenetur, iustitia an sapientia est e minimo omnium maximus factus?

*****

(Philus) 'praeter Arcadas et Atheniensis, qui credo timentes hoc interdictum iustitiae ne quando existeret, commenti sunt se de terra tamquam hos ex arvis musculos extitisse.
Ad haec illa dici solent primum ab iis qui minime sunt in disserendo mali; qui in hac causa eo plus auctoritatis habent, quia cum de viro bono quaeritur, quem apertum et simplicem volumus esse, non sunt in disputando vafri, non veteratores,

non malitiosi: negant enim sapientem idcirco virum bonum
esse, quod eum sua sponte ac per se bonitas et iustitia delectet,
sed quod vacua metu cura sollicitudine periculo vita bonorum
virorum sit, contra autem improbis semper aliqui scrupus in
animis haereat, semper iis ante oculos iudicia et supplicia
versentur; nullum autem emolumentum esse, nullum iniustitia
partum praemium tantum, semper ut timeas, semper ut adesse,
semper ut impendere aliquam poenam putes, damna¹

*****

(Philus) ¹Quaero: si duo sint, quorum alter optimus vir
aequissimus, summa iustitia, singulari fide, alter insigni scelere
et audacia, et si in eo sit errore civitas, ut bonum illum virum
sceleratum, facinerosum, nefarium putet, contra autem eum qui
sit inprobissimus existimet esse summa probitate ac fide,
proque hac opinione omnium civium bonus ille vir vexetur,
rapiatur, manus ei denique auferantur, effodiantur oculi,
damnetur, vinciatur, uratur, exterminetur, egeat, postremo iure
etiam optimo omnibus miserrimus esse videatur, contra autem
ille improbus laudetur, colatur, ab omnibus diligatur, omnes ad
eum honores, omnia imperia, omnes opes omnes undique
copiae conferantur, vir denique optimus omnium existimatione
et dignissimus omni fortuna optima iudicetur: quis tandem erit
tam demens qui dubitet utrum se esse malit?
  Quod in singulis, idem est in populis: nulla est tam stulta
civitas, quae non iniuste imperare malit quam servire iuste. nec
vero longius abibo: consul ego quaesivi, cum vos mihi essetis in
consilio, de Numantino foedere. quis ignorabat Q. Pompeium
fecisse foedus, eadem in causa esse Mancinum? alter vir
optimus etiam suasit rogationem me ex senatus consulto
ferente, alter acerrime se defendit. si pudor quaeritur, si
probitas, si fides, Mancinus haec attulit, si ratio, consilium,
prudentia, Pompeius antistat. utrum¹

*****

(Laelius) ¹Asia Ti. Gracchus, perseveravit in civibus, sociorum
nominisque Latini iura neclexit ae foedera. quae si consuetudo

ac licentia manare coeperit latius, imperiumque nostrum ad vim
a iure traduxerit, ut qui adhuc voluntate nobis oboediunt,
terrore teneantur, etsi nobis qui id aetatis sumus evigilatum fere
est, tamen de posteris nostris et de illa immortalitate rei
publicae sollicitor, quae poterat esse perpetua, si patriis
viveretur institutis et moribus.'
Quae cum dixisset Laelius, etsi omnes qui aderant significabant
ab eo se esse admodum delectatos, tamen praeter ceteros Scipio
quasi quodam gaudio elatus: 'multas tu quidem' inquit 'Laeli
saepe causas ita defendisti, ut ego non modo tecum Servium
Galbam collegam nostrum, quem tu quoad vixit omnibus
anteponebas, verum ne Atticorum quidem oratorum
quemquam aut suavitate

*****

(Scipio) 'reportare. ergo illam rem populi, id est rem publicam,
quis diceret tum dum crudelitate unius oppressi essent universi,
neque esset unum vinculum iuris nee consensus ac societas
coetus, quod est populus? atque hoc idem Syracusis. urbs illa
praeclara, quam ait Timaeus Graecarum maxumam, omnium
autem esse pulcherrimam, arx visenda, portus usque in sinus
oppidi et ad urbis crepidines infusi, viae latae, porticus, templa,
muri nihilo magis efficiebant, Dionysio tenente ut esset illa res
publica; nihil enim populi, et unius erat populus ipse. ergo ubi
tyrannus est, ibi non vitiosam, ut heri dicebam, sed, ut nunc
ratio cogit, dicendum est plane nullam esse rem publicam.'
Praeclare quidem dicis' Laelius; 'etenim video iam quo pergat
oratio.' (Scipio) 'vides igitur ne illam quidem quae tota sit in
factionis potestate, posse vere dici rem publicam.' (Laelius) 'sic
plane iudico.' (Scipio) 'et rectissime quidem iudicas; quae enim
fuit tum Atheniensium res, dum post magnum illud
Peloponnesiacum bellum triginta viri illi urbi iniustissime
praefuerunt?num aut vetus gloria civitatis, aut species praeclara
oppidi, aut theatrum, gymnasia, porticus, aut propylaea nobilia
aut arx aut admiranda opera Phidiae, aut Piraeus ille
magnificus rem publicam efficiebat?' 'minime vero' Laelius
'quoniam quidem populi res non erat.' (Scipio) 'quid? cum
decemviri Romae sine provocatione fuerunt tertio illo anno,

dum vindicias amisisset ipsa libertas?' (Laelius.) 'populi nulla res erat, immo vero id populus egit ut rem suam recuperaret.' (Scipio) 'venio nunc ad tertium genus illud, in quo esse videbuntur fortasse angustiae. cum per populum agi dicuntur et esse in populi potestate omnia, cum de quocumque volt supplicium sumit multitudo, cum agunt, rapiunt, tenent, dissipant quae volunt, potesne tum Laeli negare rem esse illam publicam? dum populi sint omnia, quoniam quidem populi esse rem volumus rem publicam.' tum Laelius: 'ac nullam quidem citius negaverim esse rem publicam, quam istam quae tota plane sit in multitudinis potestate. nam si nobis non placebat Syracusis fuisse rem publicam, neque Agrigenti neque Athenis dum essent tyranni, neque hic dum decemviri, non video qui magis in multitudinis dominatu rei publicae nomen appareat, quia primum mihi populus non est, ut tu optime definisti Scipio, nisi qui consensu iuris continetur, sed est tam tyrannus iste conventus, quam si esset unus, hoc etiam taetrior quia nihil ista, quae populi speciem et nomen imitatur, immanius belua est.nee vero convenit, dum furiosorum bona legibus in adgnatorum potestate sint, quod eorum iam'

*****

(Scipio) 'dici possint, cur illa sit res publica resque populi, quae sunt dicta de regno.' 'et multo etiam magis,' inquit Mummius. 'nam in regem potius cadit domini similitudo, quod est unus; plures vero boni in qua re publica rerum potientur, nihil poterit esse illa beatius. sed tamen vel regnum malo quam liberum populum; id enim tibi restat genus vitiosissumae rei publicae tertium.'
Ad hunc Scipio 'adgnosco', inquit, 'tuum morem istum Spuri aversum a ratione populari; et quamquam potest id lenius ferri quam tu soles ferre, tamen adsentior nullum esse de tribus his generibus quod sit probandum minus. illud tamen non adsentior iusto praestare regi optimates; si enim sapientia est quae gubernet rem publicam, quid tandem interest, haec in unone sit an in pluribus? sed errore quodam fallimur ita disputando; cum enim optumates appellantur, nihil potest videri praestabilius; quid enim optumo melius cogitari

114

potest? cum autem regis est facta mentio, occurrit animis rex etiam iniustus.nos autem de iniusto is rege nihil loquimur nunc, cum de ipsa regali re publica quaerimus. quare cogitato Romulum aut Pompilium aut Tullium regem: fortasse non tam illius te rei publicae paenitebit.' (Mummius) 'quam igitur relinquis populari rei publicae laudem?' tum ille (Scipio) 'quid? tibi tandem Spuri Rhodiorum, apud quos nuper fuimus una, nullane videtur esse res publica?' (Mummius) 'mihi vero videtur, et minime quidem vituperanda.' (Scipio) 'recte dicis; sed si meministi, omnes erant idem tum de plebe tum senatores, vicissitudinesque habebant quibus mensibus populari munere fungerentur, quibus senatorio; utrubique autem conventicium accipiebant, et in theatro et in curia res capitalis et reliquas omnis iudicabant idem; tantum poterat tantique erat quanti multitudo senatus'

LIBER QVARTVS

Scipio: 'gratiam, quam commode ordines discripti aetates classes equitatus, in quo suffragia sunt etiam senatus, nimis multis iam stulte hanc utilitatem tolli cupientibus, qui novam largitionem quaerunt aliquo plebiscito reddendorum equorum. Considerate nunc, cetera quam sint provisa sapienter ad illam civium beate et honeste vivendi societatem; ea est enim prima causa coeundi, et id hominibus effici ex re publica debet partim institutis, alia legibus. principio disciplinam puerilem ingenuis, de qua Graeci multum frustra laborarunt, et in qua una Polybius noster hospes nostrorum institutorum neglegentiam accusat, nullam certam aut destinatam legibus aut publice eitam aut unam omnium esse voluerunt. Nam'

*****

Scipio: 'ri nudari puberem. ita sunt alte repetita quasi fundamenta quaedam verecundiae. iuventutis vero exercitatio quam absurda in gymnasiis! quam levis epheborum illa militia! quam contrectationes et amores soluti et liberi! mitto [aput] Eleos et Thebanos, apud quos in amore ingenuorum libido etiam permissam habet et solutam licentiam:

115

Lacedaemonii ipsi, cum omnia concedunt in amore iuvenum praeter stuprum, tenui sane muro dissaepiunt id quod excipiunt; conplexus enim concubitusque permittunt palliis interiectis.' hic Laelius: 'praeclare intellego Scipio te in iis Graeciae disciplinis quas reprendis cum populis nobilissimis malle quam cum tuo Platone luctari, quem ne attingis quidem, praesertim cum

*****

LIBER QVINTVS

*****

(Manilius?) 'nihil esse tam regale quam explanationem aequitatis, in qua iuris erat interpretatio, quod ius privati petere solebant a regibus, ob easque causas agri arvi et arbusti et pascui lati atque uberes definiebantur, qui essent regii [qui] colerenturque sine regum opera et labore, ut eos nulla privati negotii cura a populorum rebus abduceret. nec vero quisquam privatus erat disceptator aut arbiter litis, sed omnia conficiebantur iudiciis regiis. et mihi quidem videtur Numa noster maxime tenuisse hunc morem veterem Graeciae regum. nam ceteri, etsi hoc quoque munere fungebantur, magnam tamen partem bella gesserunt et eorum iura coluerunt; illa autem diuturna pax Numae mater huic urbi iuris et religionis fuit, qui legum etiam scriptor fuit quas scitis extare, quod quidem huius civis proprium de quo agimus'

*****

(Scipio) 'radicum seminumque cognoscere num te offendet?' (Manilius) 'nihil, si modo opus extabit.' (Scipio) 'num id studium censes esse vilici?' (Manilius) 'minime, quippe eum agri culturam saepissime opera deficiat.' (Scipio) 'ergo, ut vilicus naturam agri novit, dispensator litteras scit, uterque autem se a scientiae delectatione ad efficiendi utilitatem refert, sic noster hic rector studuerit sane iuri et legibus cognoscendis, fontis quidem earum utique perspexerit, sed se responsitando et

116

lectitando et scriptitando ne impediat, ut quasi dispensare rem publicam et in ea quodam modo vilicare possit, is summi iuris peritissimus, sine quo iustus esse nemo potest, civilis non inperitus, sed ita ut astrorum gubernator, physicorum medicus; uterque enim illis ad artem suam utitur, sed se a suo munere non impedit. illud autem videbit hic vir'

*****

(Scipio.?) 'civitatibus, in quibus expetunt laudem optumi et decus, ignominiam fugiunt ae dedecus. nec vero tam metu poenaque terrentur, quae est constituta legibus, quam verecundia, quam natura homini dedit quasi quendam vituperationis non iniustae timorem. hanc ille rector rerum publicarum auxit opinionibus, perfecitque institutis et disciplinis, ut pudor civis non minus a delictis arceret quam metus. atque haec quidem ad laudem pertinent, quae diei latius uberiusque potuerunt.
Ad vitam autem usumque vivendi ea discripta ratio est iustis nuptiis, legitimis liberis, sanctis Penatium deorum Larumque familiarium sedibus, ut omnes et communibus commodis et suis uterentur, nec bene vivi sine bona re publica posset, nec esse quicquam civitate bene constituta beatius. quocirca permirum mihi videri solet, quae sit tanta doc'

*****

LIBER SEXTVS

Somnium Scipionis

Scipio: "Cum in Africam venissem M.' Manilio consuli ad quartam legionem tribunus, ut scitis, militum, nihil mihi fuit potius, quam ut Masinissam convenirem regem, familiae nostrae iustis de causis amicissimum. Ad quem ut veni, complexus me senex collacrimavit aliquantoque post suspexit ad caelum et: 'Grates', inquit, 'tibi ago, summe Sol, vobisque, reliqui Caelites, quod, antequam ex hac vita migro, conspicio in meo regno et his tectis P. Cornelium Scipionem, cuius ego nomine ipso recreor; ita numquam ex animo meo discedit illius optimi atque invictissimi viri memoria.' Deinde ego illum de suo regno, ille me de nostra re publica percontatus est, multisque verbis ultro citroque habitis ille nobis consumptus est dies.

Post autem apparatu regio accepti sermonem in multam noctem produximus, cum senex nihil nisi de Africano loqueretur omniaque eius non facta solum, sed etiam dicta meminisset. Deinde, ut cubitum discessimus, me et de via fessum, et qui ad multam noctem vigilassem, artior, quam solebat, somnus complexus est. Hic mihi — credo equidem ex hoc, quod eramus locuti; fit enim fere, ut cogitationes sermonesque nostri pariant aliquid in somno tale, quale de Homero scribit Ennius, de quo videlicet saepissime vigilans solebat cogitare et loqui — Africanus se ostendit ea forma, quae mihi ex imagine eius quam ex ipso erat notior; quem ubi agnovi, equidem cohorrui, sed ille: 'Ades,' inquit, 'animo et omitte timorem, Scipio, et, quae dicam, trade memoriae!

Videsne illam urbem, quae parere populo Romano coacta per me renovat pristina bella nec potest quiescere?' Ostendebat autem Carthaginem de excelso et pleno stellarum, illustri et claro quodam loco. 'Ad quam tu oppugnandam nunc venis paene miles. Hanc hoc biennio consul evertes, eritque cognomen id tibi per te partum, quod habes adhuc a nobis hereditarium. Cum autem Carthaginem deleveris, triumphum egeris censorque fueris et obieris legatus Aegyptum, Syriam, Asiam, Graeciam, deligere iterum consul absens bellumque maximum conficies, Numantiam exscindes. Sed cum eris curru in Capitolium invectus, offendes rem publicam consiliis perturbatam nepotis mei.

Hic tu, Africane, ostendas oportebit patriae lumen animi, ingenii consiliique tui. Sed eius temporis ancipitem video quasi fatorum viam. Nam cum aetas tua septenos octiens solis anfractus reditusque converterit duoque hi numeri, quorum uterque plenus alter altera de causa habetur, circuitu naturali summam tibi fatalem confecerint, in te unum atque in tuum nomen se tota convertet civitas; te senatus, te omnes boni, te socii, te Latini intuebuntur; tu eris unus, in quo nitatur civitatis salus, ac, ne multa, dictator rem publicam constituas oportet, si

impias propinquorum manus effugeris.'"
Hic cum exclamasset Laelius ingemuissentque vehementius
ceteri: "St! Quaeso", inquit, "Ne me ex somno excitetis et
parumper audite cetera!

'Sed quo sis, Africane, alacrior ad tutandam rem publicam, sic
habeto, omnibus, qui patriam conservaverint, adiuverint,
auxerint, certum esse in caelo definitum locum, ubi beati aevo
sempiterno fruantur; nihil est enim illi principi deo, qui omnem
mundum regit, quod quidem in terris fiat, acceptius quam
concilia coetusque hominum iure sociati, quae 'civitates'
appellantur; harum rectores et conservatores hinc profecti huc
revertuntur.'

Hic ego, etsi eram perterritus non tam mortis metu quam
insidiarum a meis, quaesivi tamen, viveretne ipse et Paulus
pater et alii, quos nos exstinctos arbitraremur. 'Immo vero',
inquit, 'hi vivunt, qui e corporum vinculis tamquam e carcere
evolaverunt, vestra vero, quae dicitur, vita mors est. Quin tu
aspicis ad te venientem Paulum patrem?' Quem ut vidi,
equidem vim lacrimarum profudi, ille autem me complexus
atque osculans flere prohibebat.

Atque ut ego primum fletu represso loqui posse coepi:
'Quaeso', inquam, 'pater sanctissime atque optime, quoniam
haec est vita, ut Africanum audio dicere, quid moror in
terris? Quin huc ad vos venire propero?' 'Non est ita,' inquit
ille. 'Nisi enim deus is, cuius hoc templum est omne, quod
conspicis, istis te corporis custodiis liberaverit, huc tibi aditus
patere non potest.Homines enim sunt hac lege generati, qui
tuerentur illum globum, quem in hoc templo medium vides,
quae terra dicitur, iisque animus datus est ex illis sempiternis
ignibus, quae sidera et stellas vocatis, quae globosae et
rotundae, divinis animatae mentibus, circulos suos orbesque
conficiunt celeritate mirabili. Quare et tibi, Publi, et piis
omnibus retinendus animus est in custodia corporis nec iniussu
eius, a quo ille est vobis datus, ex hominum vita migrandum
est, ne munus humanum assignatum a deo defugisse
videamini. Sed sic, Scipio, ut avus hic tuus, ut ego, qui te genui,
iustitiam cole et pietatem, quae cum magna in parentibus et
propinquis tum in patria maxima est; ea vita via est in caelum et
in hunc coetum eorum, qui iam vixerunt et corpore laxati illum

incolunt locum, quem vides.' Erat autem is splendidissimo candore inter flammas circus elucens. 'Quem vos, ut a Graiis accepistis, orbem lacteum nuncupatis.' Ex quo omnia mihi contemplanti praeclara cetera et mirabilia videbantur. Erant autem eae stellae, quas numquam ex hoc loco vidimus, et eae magnitudines omnium, quas esse numquam suspicati sumus; ex quibus erat ea minima, quae ultima a caelo, citima a terris luce lucebat aliena. Stellarum autem globi terrae magnitudinem facile vincebant. Iam ipsa terra ita mihi parva visa est, ut me imperii nostri, quo quasi punctum eius attingimus, paeniteret. Quam cum magis intuerer: 'Quaeso,' inquit Africanus, 'quousque humi defixa tua mens erit? Nonne aspicis, quae in templa veneris? Novem tibi orbibus vel potius globis conexa sunt omnia, quorum unus est caelestis, extimus, qui reliquos omnes complectitur, summus ipse deus arcens et continens ceteros; in quo sunt infixi illi, qui volvuntur, stellarum cursus sempiterni. Cui subiecti sunt septem, qui versantur retro contrario motu atque caelum. Ex quibus summum globum possidet illa, quam in terris Saturniam nominant. Deinde est hominum generi prosperus et salutaris ille fulgor, qui dicitur Iovis; tum rutilus horribilisque terris, quem Martium dicitis; deinde subter mediam fere regionem Sol obtinet, dux et princeps et moderator luminum reliquorum, mens mundi et temperatio, tanta magnitudine, ut cuncta sua luce lustret et compleat. Hunc ut comites consequuntur Veneris alter, alter Mercurii cursus, in infimoque orbe Luna radiis solis accensa convertitur. Infra autem iam nihil est nisi mortale et caducum praeter animos munere deorum hominum generi datos; supra Lunam sunt aeterna omnia. Nam ea, quae est media et nona, Tellus, neque movetur et infima est, et in eam feruntur omnia nutu suo pondera.'

Quae cum intuerer stupens, ut me recepi: 'Quid hic?' inquam, 'quis est, qui complet aures, tantus et tam dulcis sonus?' 'Hic est,' inquit, 'ille, qui intervallis disiunctus imparibus, sed tamen pro rata parte distinctis, impulsu et motu ipsorum orbium efficitur et acuta cum gravibus temperans varios aequabiliter concentus efficit; nec enim silentio tanti motus incitari possunt, et natura fert, ut extrema ex altera parte graviter, ex altera autem acute sonent. Quam ob causam summus ille caeli stellifer

cursus, cuius conversio est concitatior, acuto et excitato movetur sono, gravissimo autem hic lunaris atque infimus; nam terra nona immobilis manens una sede semper haeret complexa medium mundi locum. Illi autem octo cursus, in quibus eadem vis est duorum, septem efficiunt distinctos intervallis sonos, qui numerus rerum omnium fere nodus est; quod docti homines nervis imitati atque cantibus aperuerunt sibi reditum in hunc locum, sicut alii, qui praestantibus ingeniis in vita humana divina studia coluerunt. Hoc sonitu oppletae aures hominum obsurduerunt; nec est ullus hebetior sensus in vobis, sicut, ubi Nilus ad illa, quae Catadupa nominantur, praecipitat ex altissimis montibus, ea gens, quae illum locum accolit, propter magnitudinem sonitus sensu audiendi caret. Hic vero tantus est totius mundi incitatissima conversione sonitus, ut eum aures hominum capere non possint, sicut intueri solem adversum nequitis, eiusque radiis acies vestra sensusque vincitur.'
Haec ego admirans referebam tamen oculos ad terram identidem.

 Tum Africanus: 'Sentio,' inquit, 'te sedem etiam nunc hominum ac domum contemplari; quae si tibi parva, ut est, ita videtur, haec caelestia semper spectato, illa humana contemnito! Tu enim quam celebritatem sermonis hominum aut quam expetendam consequi gloriam potes? Vides habitari in terra raris et angustis in locis et in ipsis quasi maculis, ubi habitatur, vastas solitudines interiectas eosque, qui incolunt terram, non modo interruptos ita esse, ut nihil inter ipsos ab aliis ad alios manare possit, sed partim obliquos, partim transversos, partim etiam adversos stare vobis; a quibus exspectare gloriam certe nullam potestis.

 Cernis autem eandem terram quasi quibusdam redimitam et circumdatam cingulis, e quibus duos maxime inter se diversos et caeli verticibus ipsis ex utraque parte subnixos obriguisse pruina vides, medium autem illum et maximum solis ardore torreri. Duo sunt habitabiles, quorum australis ille, in quo, qui insistunt, adversa vobis urgent vestigia, nihil ad vestrum genus; hic autem alter subiectus aquiloni, quem incolitis, cerne quam tenui vos parte contingat! Omnis enim terra, quae colitur a vobis, angustata verticibus, lateribus latior, parva quaedam insula est circumfusa illo mari, quod 'Atlanticum', quod 'magnum', quem 'Oceanum' appellatis in terris; qui tamen tanto nomine quam sit parvus, vides. Ex his ipsis cultis notisque terris num aut tuum aut cuiusquam nostrum nomen vel Caucasum hunc, quem cernis, transcendere potuit vel illum Gangem tranatare? Quis in reliquis orientis aut obeuntis solis ultimis aut aquilonis austrive partibus tuum nomen audiet? Quibus amputatis cernis profecto, quantis in angustiis vestra se gloria dilatari velit. Ipsi autem, qui de nobis loquuntur, quam loquentur diu?

Quin etiam si cupiat proles illa futurorum hominum deinceps laudes unius cuiusque nostrum a patribus acceptas posteris prodere, tamen propter eluviones exustionesque terrarum, quas accidere tempore certo necesse est, non modo non aeternam, sed ne diuturnam quidem gloriam assequi possumus. Quid autem interest ab iis, qui postea nascentur, sermonem fore de te, cum ab iis nullus fuerit, qui ante nati sunt— qui nec pauciores et certe meliores fuerunt viri—praesertim cum apud eos ipsos, a quibus audiri nomen nostrum potest, nemo unius anni memoriam consequi possit. Homines enim populariter annum tantummodo solis, id est unius astri, reditu metiuntur; cum autem ad idem, unde semel profecta sunt, cuncta astra redierint eandemque totius caeli discriptionem longis intervallis rettulerint, tum ille vere vertens annus appellari potest; in quo vix dicere audeo, quam multa hominum saecula teneantur. Namque ut olim deficere sol hominibus exstinguique visus est, cum Romuli animus haec ipsa in templa penetravit, quandoque ab eadem parte sol eodemque tempore iterum defecerit, tum signis omnibus ad principium stellisque revocatis expletum annum habeto; cuius quidem anni nondum vicesimam partem scito esse conversam.

Quocirca si reditum in hunc locum desperaveris, in quo omnia sunt magnis et praestantibus viris, quanti tandem est ista hominum gloria, quae pertinere vix ad unius anni partem exiguam potest?

Igitur, alte spectare si voles atque hanc sedem et aeternam domum contueri, neque te sermonibus vulgi dederis nec in praemiis humanis spem posueris rerum tuarum! Suis te oportet illecebris ipsa virtus trahat ad verum decus; quid de te alii loquantur, ipsi videant! Sed loquentur tamen; sermo autem omnis ille et angustiis cingitur iis regionum, quas vides, nec umquam de ullo perennis fuit et obruitur hominum interitu et oblivione posteritatis exstinguitur.'

Quae cum dixisset: 'Ego vero,' inquam, 'Africane, si quidem bene meritis de patria quasi limes ad caeli aditus patet, quamquam a pueritia vestigiis ingressus patris et tuis decori vestro non defui, nunc tamen tanto praemio exposito enitar multo vigilantius.' Et ille: 'Tu vero enitere et sic habeto, non esse te mortalem, sed corpus hoc; nec enim tu is es, quem forma ista declarat, sed mens cuiusque is est quisque, non ea figura, quae digito demonstrari potest. Deum te igitur scito esse, si quidem est deus, qui viget, qui sentit, qui meminit, qui providet, qui tam regit et moderatur et movet id corpus, cui praepositus est, quam hunc mundum ille princeps deus, et ut mundum ex quadam parte mortalem ipse deus aeternus, sic fragile corpus animus sempiternus movet.

Nam quod semper movetur, aeternum est. Quod autem motum affert alicui, quodque ipsum agitatur aliunde, quando finem habet motus, vivendi finem habeat necesse est. Solum igitur, quod se movet, quia numquam deseritur a se, numquam ne moveri quidem desinit. Quin etiam ceteris, quae moventur, hic fons, hoc principium est movendi. Principii autem nulla est origo; nam ex principio oriuntur omnia, ipsum autem nulla ex re alia nasci potest; nec enim esset id principium, quod gigneretur aliunde. Quodsi numquam oritur, ne occidit quidem umquam. Nam principium exstinctum nec ipsum ab alio renascetur nec ex se aliud creabit, si quidem necesse est a principio oriri omnia. Ita fit, ut motus principium ex eo sit, quod ipsum a se movetur. Id autem nec nasci potest nec mori; vel concidat omne caelum omnisque natura et consistat necesse est nec vim ullam nanciscatur, qua a primo impulsa moveatur. Cum pateat igitur aeternum id esse, quod a se ipso moveatur, quis est, qui hanc naturam animis esse tributam neget? Inanimum est enim omne, quod pulsu agitatur externo; quod autem est animal, id motu cietur interno et suo; nam haec est propria natura animi atque vis. Quae si est una ex omnibus, quae sese moveat, neque nata certe est et aeterna est.

Hanc tu exerce optimis in rebus! Sunt autem optimae curae de salute patriae; quibus agitatus et exercitatus animus velocius in hanc sedem et domum suam pervolabit; idque ocius faciet, si iam tum, cum erit inclusus in corpore, eminebit foras et ea, quae extra erunt, contemplans quam maxime se a corpore abstrahet. Namque eorum animi, qui se corporis voluptatibus dediderunt earumque se quasi ministros praebuerunt impulsuque libidinum voluptatibus oboedientium deorum et hominum iura violaverunt, corporibus elapsi circum terram ipsam volutantur nec hunc in locum nisi multis exagitati saeculis revertuntur.'

Ille discessit; ego somno solutus sum."

Also Available from JiaHu Books

Πολιτεία – 9781909669482
The Early Dialogues – Apology to Lysis – 9781909669888
Ἰλιάς - 9781909669222
Ὀδύσσεια - 9781909669260
Ἀνάβασις - 9781909669321
Μήδεια – Βάκχαι – 9781909669765
Νεφέλαι – Λυσιστράτη – 9781909669956
Ἱστορίαι - 9781909669710
De rerum natura – Lucretius (Latin)
Phaedra et Oedipus – Seneca (Latin)
Metamorphoses – Ovid (Latin)
Satyricon - Gaius Petronius Arbiter (Latin)
Metamorphoses – Asinus Aureus (Latin)
Plays of Terence (Latin)
Plays of Plautus (Latin)
Complete Works of Pliny the Younger (Latin)
Philippicae (Latin)
Egils Saga (Old Norse)
Egils Saga (Icelandic)
Brennu-Njáls saga (Icelandic)
Laxdæla Saga (Icelandic)
अभीज्ञानशाकु न्ताकम्- Recognition of Sakuntala (Sanskrit) –
9781909669192